Grebennikov
Verlag

explorise Ferienstraßen

© Grebennikov Verlag GmbH

Herausgeber	Alexander Grebennikov
Projektleitung	Yury Kolesnichenko
Redaktionsleitung	Susanne Gierds
Texte & Recherche	Andrea Himmelstoß
Lektorat	Friedrich Reip
Korrektorat	Barbara Lück
Redaktionelle Assistenz	Mareen Günther, Ulrike Hanninger
Fotografie	Arkady Grebennikov, Daria Malysheva
Bildredaktion	Alla Boll
Bildbearbeitung	Sandra Wildeboer
Layout, Satz	Anne-Claire Martin
Design	Henriette Damsa, Ricardo Quintas
Umschlaggestaltung	Pablo Balcells
Druck & Verarbeitung	Bosch-Druck GmbH

Alle Rechte vorbehalten. Kein Teil des Werkes darf in irgendeiner Form ohne schriftliche Genehmigung des Verlages reproduziert oder unter Verwendung elektronischer Systeme verarbeitet, vervielfältigt oder verbreitet werden. Einzige Ausnahme bilden die unter einer Creative-Commons-Lizenz veröffentlichten Abbildungen.

explorise® ist eine eingetragene Marke des Grebennikov Verlags

www.grebennikov.de	ISBN 978-3-941784-30-7
www.explorise.de	1. Auflage Berlin 2012

Bier- und Burgenstraße

Zu Besuch bei Brauern und Rittern

Andrea Himmelstoß

Berlin · Moskau

Inhaltsverzeichnis

Die Bier- und Burgenstraße — 008

Passau
Veste, Dom und Bier für Bildung — 010

Regen
Fressendes Haus und Gläserner Wald — 018

Cham
Das Biertor am Regenbogen — 024

Runding
Ofenschreier und andere Gespenster — 028

Amberg
Vilsabwärts Eisen, vilsaufwärts Salz — 032

Sulzbach-Rosenberg
Erst Industrie, dann Kultur — 038

Auerbach
Wo der Ur zu Hause war — 044

Pegnitz
Von Flussquellen und Bierquellen — 048

Bayreuth Die Festspielstadt	052
Marktleugast Glaube und Natur	056
Kulmbach Von Anisbrötchen und Stadtpfeifern	058
Hohenzollern-Residenz Plassenburg Frauenschicksale auf der Plassenburg	064
Kasendorf Katze oder Panther?	068
Weismain Radelvergnügen und Wasserspiele	072
Weißenbrunn Wo der Brunnen Bier spendet	076
Kronach Sudpfannen in Frauenhand	080
Mitwitz Zwei Schneider und ein Tagebuch	086

Stockheim
Haiger Landschlösschen – Das letzte Glückauf! — 090

Pressig-Rothenkirchen
Zwischen Burg und Bad — 092

Steinbach am Wald
Wehrkirche und Rennsteig — 094

Ludwigstadt
Auch im Kalten Krieg gute Aussichten — 098

Gräfenthal
Von der Kleinkinderbewahranstalt zum Museum — 104

Probstzella
Grenzbahnhof und Haus des Volkes — 108

Hohenwarte
Fahrgastschifffahrt am Thüringer Meer — 112

Saalfeld/Saale
Die Stadt mit der Hutschachtel — 114

Bad Blankenburg
Zu Gast beim Erfinder des Kindergartens — 120

Rudolstadt
Schillers glücklichste Zeit — 126

Blankenhain
Weißes Gold an der Schwarza — 132

Kranichfeld
Eine Stadt, zwei Burgen — 136

Bad Berka
Eintauchen, radeln, wandern — 140

Apolda
Glocken, Rathaus, Brunnen — 144

Weimar
Von Klassik bis Bauhaus — 150

Hier geht's rund:
Thüringer Kloß-Welt — 156

Weißensee
Zwischen Minnesang und dem „Garten des ewigen Glücks" — 158

Artern
Ein Besuch bei der Kräuterfrau Artemis und Entspannung im Solebad — 162

Bad Frankenhausen
Wenn am Kyffhäuser der Flieder blüht — 166

Register — 170

Abbildungsverzeichnis — 174

Die Bier- und Burgenstraße

Durch den herrlichen bayrischen Wald, die Oberpfalz, die fränkische Schweiz und schließlich durchs schöne Thüringen führt die Bier- und Burgenstraße zu Kulturgütern, wie sie für Deutschland kaum typischer sein könnten: Der Flickenteppich einstiger deutscher Kleinstaaterei prägt die Landschaft mit einer Vielfalt an Burgen und Schlössern, in deren Umfeld oft prosperierende Städte entstanden. Viele brachten es zu einer facettenreichen kulturellen oder auch industriellen Blüte, die sich nicht nur in Kunst, Architektur und wunderlichen Sagen niederschlug, sondern auch in erstklassigem Bier. So war es nur folgerichtig, dass der Verein Bier- und Burgenstraße e.V. es sich zur Aufgabe machte, Biere und Burgen entlang der Bundesstraße B85 miteinander zu verbinden und für den Reisenden zu erschließen.

Mit diesem kleinen Buch folgt der Reisende dieser gut 500 Kilometer langen Ferienstraße. Er trifft Weiße Frauen und stolze Brauer, hört manch eine Sage und wunderliche Geschichte, kann aber auch den einen oder anderen Gerstensaft kosten, wenn er am Wegesrand in gastliche Wirtsstuben einkehrt. Bisweilen können die Reisenden das Bier gar direkt in einer Brauerei oder bei einem zünftigen Rittermahl genießen. Doch ob sie dem vorgezeichneten Pfad mit dem Fahrrad, dem Auto oder als Wanderer auf Schusters Rappen folgen – stets lohnt es, über den Rand des Bierglases hinauszuschauen und die kleinen Attraktionen zu besuchen, die nach offizieller Lesart gar nicht zu der Ferienstraße gehören, sondern einfach nur „auch" am Wegesrand zu finden sind. So machen Wanderer, Radler und Autofahrer nicht nur Bekanntschaft mit dem Drei-Flüsse-Eck in Passau, dem Bayreuther Festspielhaus, der Hohen-

zollern-Residenz Plassenburg und dem berühmten Kyffhäuserdenkmal, sondern auch mit Attraktionen wie der Kleinkunst auf der Liederbühne Robinson, dem Hexenbier der Kulmbacher Kommunbräu und kugelrunden Genüssen in der Thüringer Kloßwelt.

Mit ein wenig Glück oder mit guter Planung wird der Reisende in Sachen Bier und Burgen auf das eine oder andere Fest stoßen, auf Konzerte und andere Veranstaltungen, die in den Burgen oder in Städten wie Passau, Amberg, Bayreuth und natürlich Weimar stattfinden. Es gilt, sich die Zeit einzuteilen, denn entlang der Ferienstraße gibt es so viel zu entdecken, dass ein einziger Jahresurlaub nie und nimmer ausreichen wird. Wiederkommen ist der einzige Ausweg aus diesem Dilemma. Und ein guter dazu, denn es steht zu erwarten, dass die rührigen Menschen entlang der B85 immer wieder Neues erdenken werden, um ihre Gäste abwechslungsreich zu unterhalten und zu bewirten.

Passau: Veste, Dom und Bier für Bildung

Passau ist ein hervorragender Startpunkt für eine Reise entlang der Bier- und Burgenstraße, denn hier werden mit Hilfe von Bier sogar gute Werke vollbracht: Die Franz und Maria Stockbauer'sche Stiftung unterstützt als Mehrheitsaktionär der Löwenbrauerei Passau zum Beispiel hilfsbedürftige Passauer und Studenten aus Passau. Grund genug, sich nach einem ausgiebigen Bummel durch die Stadt eine kühle „Stockbauer Weisse" zu gönnen, nicht wahr? Schließlich geben sich Bier und Bildung selten ein so erquickliches Stelldichein: Jeder Schluck kommt auch den geförderten Studenten zugute.

Faszinierender Blick auf das Drei-Flüsse-Eck

Aber erst einmal führt der Weg selbstverständlich zum Drei-Flüsse-Eck. Erst fließt – unterhalb der Burganlage Niederhaus – die Ilz in die Donau. Die Ilz kommt aus einem moorigen Gebiet und führt schwarzes Wasser. Das Wasser der Donau hingegen scheint tatsächlich das sprichwörtliche Blau zu haben. Und der Inn schließlich, der aus den Alpen kommt und kurz darauf von der anderen Seite in die Donau mündet, bringt grünes Wasser

011 Passau

mit. Eine Weile hat die Donau jetzt drei Farben. Hat man sich das berühmte Naturschauspiel angeschaut, führt der nächste Weg zur Veste Oberhaus, die hoch über die Veste Niederhaus hinausragt. Der blitzsauber wirkende Innenhof ist zwar ausgesprochen hübsch, bildet aber nur einen kleinen Teil der 65.000 Quadratmeter großen Fläche, die hier umbaut wurde. Die 1219 gegründete Veste wurde immer wieder erweitert und zählt zu den größten Burgen in Europa. Vom Aussichtsturm, das ist der im 18. Jahrhundert erbaute Observationsturm, genießt man einen fantastischen Ausblick auf die Stadt und die faszinierende Flusslandschaft. Die Burg sollte militärische Stärke zeigen und die Reichsfürstenwürde der Bischöfe repräsentieren. Nicht zuletzt sollte sie die Kirchenmänner auch vor den Passauer Bürgern schützen, die hier zeitweise eine Reichsstadt gründen wollten. Verschiedene Fürstbischöfe hielten die Veste auf dem neuesten Stand militärischer Verteidigungskunst. Die Mühe hat sich gelohnt, denn die Veste Oberhaus hielt am Ende fünf verschiedenen Belagerungen stand. Zwei der Belagerungen gingen

Die Veste Oberhaus hielt vielen Belagerungen stand.

auf das Konto von Passaus Bürgern. Heute geht es zum Glück friedlicher zu. Die Veste beherbergt inzwischen das Oberhausmuseum mit zahlreichen Dauerausstellungen, die sich zum Beispiel mit der Faszination des Mittelalters auseinandersetzen: „Irdisches Leben" und „Himmlisches Streben" werden hier zum spannenden Thema. Außerdem stehen etwa der Mythos und die Geschichte Passaus auf dem Museumsprogramm sowie die Ausstellung „Zunft und Handwerk – Das Geheimnis der Bruderschaft", das Böhmerwaldmuseum und das Feuerwehrmuseum, die ebenfalls Teil des Oberhausmuseums sind. So richtig gemütlich wird es dann, wenn man nach einem Museumsbesuch die romantische Atmosphäre des Burgcafés bei Kaffee und Kuchen genießt.

Burgcafé, Burghof der Veste Oberhaus, Oberhaus 125, 94032 Passau; Tel. +49 (0)851 4933519;
Öffnungszeiten: Mo–Fr: 9–17 Uhr; Sa, So: 10–17 Uhr,
www.cafe-oberhaus.de

Von der Veste hat man einen fantastischen Blick über die Altstadt.

Quirlig geht es in Passaus prachtvoller, überwiegend barocker Altstadt zu. Mit ihrem mediterranen Flair verlockt sie dazu, sich einfach durch die teilweise ziemlich steilen und manchmal unglaublich schmalen Gassen treiben zu lassen. Ein besonders beliebtes Fotomotiv ist das Alte Rathaus. 1922 wurden die alten Fresken an der Fassade, die aus der Mitte des 15. Jahrhunderts

013 **Passau**

stammen, durch neue Bilder ersetzt. Auf ihnen sind Kaiser Ludwig der Bayer, Fürstbischof Bernhard von Prambach, Albert von Sachsen-Wittenberg sowie Ruprecht von Jülich-Berg zu sehen. Besonders hübsch ist der 38 Meter hohe und reich verzierte Rathausturm. Gleich gegenüber findet man übrigens das schmucke „Hotel Wilder Mann", ein Muss für alle Sissi-Fans. Hier soll die beliebte Kaiserin von Österreich nicht nur standesgemäß genächtigt, sondern auch ihre

Im „Hotel Wilder Mann" soll Kaiserin Sissi gekocht haben.

Der Rathausturm scheint die anlegenden Schiffe zu begrüßen.

Im Stephansdom zu Passau steht die größte Domorgel der Welt.

> **Genuss-Tipp**
>
> **Heimisches Bier im Alten Bräuhaus**
>
> *Nachdem im 14. Jahrhundert Herzog Albrecht II. von Sachsen-Wittenberg, damals Bischof von Passau, die Zunftordnung verbesserte, entstand in den jetzigen Räumen des Alten Bräuhauses am Kuhstein eine Brauerei. Seither genießt der Gast in der historischen Altstadt Passaus bayerische Schmankerln und heimische Bierspezialitäten in den alten Gewölben des Bräuhauses.*
>
> *Altes Bräuhaus*
> *Bräugasse 5, 94032 Passau*
> *Tel. +49 (0)851 4905252*
> *www.altes-braeuhaus.de*

Lieblingsspeisen eigenhändig zubereitet haben. Mit der kaiserlich-königlich privilegierten Kaiserin Elisabeth-Bahn kamen übrigens viele Wiener Kurgäste nach Passau, die das moorhaltige Wasser der Kur- und Wasserheilanstalt Bavaria-Bad sehr schätzten. Auch der Schriftsteller Peter Rosegger und der Komponist Franz Lehár kamen nach Passau, um ihrer Gesundheit Gutes zu tun.

Auf dem höchsten Platz der Altstadt ist der Stephansdom nicht zu übersehen. Die beiden Baumreihen auf dem Domplatz spenden im Sommer nur kargen Schatten. Doch ein Besuch des Stephansdoms gehört zum touristischen Pflichtprogramm, denn in seinen Mauern ist die mit 233 Registern und 17.974 Pfeifen größte Domorgel der Welt zu bewundern. Am besten besucht man gleich eines der Orgelkonzerte, die von Mai bis Oktober sowie in der Weihnachtswoche an jedem Werktag von 12 bis 12.30 Uhr stattfinden. Von Mai bis Oktober erklingt die Orgel außerdem an jedem Donnerstag, außer an Feiertagen, um 19.30 Uhr für eine bis anderthalb Stunden. Auch für das Auge ist der Dom ein Vergnügen: Nicht nur die Orgel ist sehr prachtvoll anzuschauen. Die gesamte Ausstattung des Doms mit seinem herrlichen Stuck, den Fresken des Mittelschiffs, den Altären und der Kanzel ist wunderschön – man kann sich an der Pracht gar nicht satt sehen. Trotzdem sollte man sich die Zeit nehmen und sich auch die Grabsteine im Domhof anschauen. Zugegeben, das wirkt ein wenig morbide. Aber die vielen Details der historischen

> ### Über Nacht
>
> ★ ★ ★ ★ *Hotel Residenz*
> *Fritz-Schäffer-Promenade 6*
> *94032 Passau*
> *Tel. +49 (0)851 989020*
> *hotel@residenz-passau.de*
> *www.residenz-passau.de*
> *DZ ab 99 Euro.*
>
> ★ ★ ★ ★ *Hotel Passauer Wolf*
> *Rindermarkt 6, 94032 Passau*
> *Tel.+49 (0)851 931510*
> *DZ ab 92 Euro*
> *info@Hotel-Passauer-Wolf.de*
> *www.hotel-passauer-wolf.de*
> *DZ ab 74 Euro*
>
> ★ ★ ★ ★ *Hotel Schloss Ort*
> *(am Drei-Flüsse-Eck)*
> *Im Ort 11, 94032 Passau*
> *Tel. +49 (0)851 3407273*
> *info@schlosshotel-passau.de*
> *www.schlosshotel-passau.de*
> *DZ ab 97 Euro*

Bestattungskultur sind einfach ungemein faszinierend. Insbesondere die steinernen Grabmäler aus der Andreaskapelle, die im Domhof aufgestellt wurden, sind wunderschön. Als diese Kapelle zu Beginn der 1960er Jahre des restauriert wurde, fanden sie teilweise im Domhof, teilweise aber auch in der Ortenburgkapelle einen neuen Platz.

Innstadt Brauerei – Eine der ältesten Brauereien Deutschlands

Wenn es in Passau und Umgebung „plopp" macht, dann verbergen sich hinter dem verlockenden Geräusch meist die Biere aus der Innstadt Brauerei. Neun der 17 Biersorten aus dieser Passauer Brauerei kommen nämlich in traditionellen Bügelflaschen daher – das Festbier etwa, das hier von allen „Stadl-Bier" genannt wird. Dieser Begriff leitet sich ab vom „Dultstadl". Dabei handelt es sich um die Dreiländerhalle in Passau, die zweimal im Jahr in den bayerischen Landesfarben dekoriert wird: zu den großen Volksfesten nämlich, der Maidult und der Herbstdult, die im September stattfindet. Und dann gibt es natürlich auch das „Stadl-Bier".

In Passau finden Stadtwanderer viele hübsche Winkel.

Die Brauerei liegt übrigens im Stadtteil Innstadt, der gegenüber der Stadtmitte am Inn liegt. An diesem Standort wurde schon im Jahre 1318 Bier gebraut – damit ist die Innstadt Brauerei eine der ältesten Brauereien Deutschlands. Dementsprechend alt sind auch die Mauern, hinter denen noch heute das Bier gebraut wird.

Schmiedgasse 23, 94032 Passau; Tel. +49 (0)851 3890;
www.innstadt-brauerei.de

Straße der Kaiser und Könige

Ebenfalls durch Passau führt die Straße der Kaiser und Könige, eine wahrhaft imperiale Straße. Der beim Grebennikov Verlag in der Serie „Ferienstraßen" erschienene Reiseführer „Die Straße der Kaiser und Könige" liefert den Rahmen für ein majestätisches Reiseerlebnis.

Straße der Kaiser und Könige
Majestätische Spuren entlang der Donau
ISBN: 978-3-941784-28-4

Touristeninformation

Rathausplatz 3 (Neues Rathaus), 94032 Passau
Tel. +49 (0) 851 955980
Öffnungszeiten:
Ostern bis Sept.: Mo–Fr: 8.30–18 Uhr; Sa, So, Feiertage: 9–16 Uhr;
Okt. bis Ostern: Mo–Do: 8.30–17 Uhr; Fr: 8.30–16 Uhr;
Sa, So, Feiertage: 10–15 Uhr

Bahnhofstraße 28 (Bahnhofsvorplatz), 94032 Passau
Tel. +49 (0) 851 955980
Öffnungszeiten:
Ostern bis Sept.: Mo–Fr: 9–12/12.30–17 Uhr; Sa, So, Feiertage:
10.30–15.30 Uhr; Okt. bis Ostern: Mo–Do: 9–12/12.30–17.00 Uhr;
Fr: 9–12/12.30–16 Uhr; Sa: 10.30–15.30 Uhr
www.passau.de

Regen | Fressendes Haus und Gläserner Wald

Wer das Fressende Haus finden will, das am Fuß der Burg Weißenstein gleich neben dem Gläsernen Wald steht, der muss nicht mit Alice ins Wunderland reisen. Es reicht vollkommen aus, sich in Regen, der zweiten Stadt an der Bier- und Burgenstraße, umzuschauen. Den Gläsernen Wald sollte man am besten einmal vor und einmal nach dem Sonnenuntergang erkunden. Die Sonne setzt den tatsächlich aus farbigem Glas gefertigten Buchen, Espen, Kiefern und Tannen nämlich Glanzlichter auf, die den Besuchern das Gefühl geben, tatsächlich einen Zauberwald zu durchschreiten. Nach Sonnenuntergang werden die grünen, braunen und auch blauen Bäume von vielen Bodenflutern angestrahlt – was ebenfalls wunderschön aussieht. Der Gläserne Wald ist 2.000 Quadratmeter groß, so dass es immer wieder neue Perspektiven zu entdecken gibt. Das Fressende Haus war für die Herren von Burg Weißenstein und für ihre Untergebenen zunächst ein großer Speicher, in dem ihre Getreidevorräte gelagert wurden. Später wurde es für den baltischen Schrift-

Auf Burg Weißenstein findet alle zwei Jahre ein Ritterspektakel statt.

steller Siegfried von Vegesack samt Frau und Kindern zur Heimat. Allerdings musste er so viel Geld in die Erhaltung des Gebäudes stecken, dass er es das Fressende Haus nannte. In Weißenstein betrieb er mit seiner Frau ein wenig Landwirtschaft, eine Kuh und zwei Ziegen sollten die Grundlage der Ernährung bilden.

Der „spinnerte Baron" – wie ihn die Einwohner Weißensteins liebevoll nennen – bringt bereits im Jahr 1920 mit einer Windkraftanlage die Elektrizität in die Gemeinde. Am ersten Tag der Inbetriebnahme herrscht absolute Windstille. Doch dann wird das Projekt zum Erfolg: Nach drei Tagen sind die Akkus voll, die Burg und Weißenstein sind elektrifiziert. Bis zum Jahre 1948 leistet die Windkraftanlage ihren Dienst, ihre Fundamente sind noch zu besichtigen.

Heute ist das Fressende Haus ein Museum: Mit der Dichterstube im Erdgeschoss hat die Stadt eine Erinnerungsstätte für Siegfried von Vegesack geschaffen. Im Obergeschoss ist die weltweit größte private Schnupftabaksammlung mit etwa 1.200 „Schmaidosen" – so nennt man hier die Schnupftabakdosen – zu sehen. Und wo der prominente Dichter mit seinem Hund die Ziegen hütete, ist er heute gemeinsam mit seiner zweiten Frau und seinen Dackeln begraben, so steht es auf seinem Totenbrett geschrieben. Totenbretter sind übrigens Holzbretter, auf denen ursprünglich die Toten aufgebahrt wurden. Mit der Zeit entstand der Brauch, die Bretter mit dem Lob des Toten zu beschriften und am Wegesrand aufzustellen. Totenbretter finden sich heute fast nur noch im Bayerischen und im Oberpfälzer Wald. Bei der kleinen Kapelle auf dem Kalvarienberg hoch über der Stadt kann man noch heute schöne Beispiele solcher Totenbretter sehen.

Eine besondere Attraktion auf Burg Weißenstein ist das alle zwei Jahre stattfindende Ritterspektakel,

Das Totenbrett von Siegfried von Vegesack

Dichterstube im Fressenden Haus

unten: Das Fressende Haus kann zwischen April und Oktober besichtigt werden.

ganz unten: Das Ritterspektakel begeistert Alt und Jung.

das die Besucher unterhalb der Burganlage in alte Ritterzeiten versetzt. Spätestens wer die Sengzelten probiert hat, wird sich in die Vergangenheit zurücksehnen. Sengzelten werden aus dünn ausgerolltem Brotteig zubereitet und mit Schmand, Schnittlauch oder Speck verfeinert. Dazu gibt es Met oder Bier, was das mittelalterliche Geschehen auch lukullisch zu einem Vergnügen macht. Weiter warten Musikgruppen aus Tschechien, Österreich und der Schweiz mit mittelalterlichen Klängen auf.

Der Gläserne Wald, tourist@regen.de
www.glaeserner-wald.de

Burg Weißenstein und Fressendes Haus

Die Burgruine und das Fressende Haus haben zwischen April und Oktober geöffnet. Die Führungen können variabel gestaltet werden. Treffpunkt ist der Parkplatz vor der Burgruine Weißenstein.
Gruppenführungen buchbar bei Josef Niedermeier unter 09921 6748 oder 0175 6101676.

Ritterspektakel Weißenstein

Eintritt für drei Tage: 4 Euro, Kinder haben freien Eintritt. Das Ritterfest findet alle zwei Jahre statt, Veranstaltungsdaten:
www.ritterspektakel-weissenstein.de
Burg Weißenstein/Fressendes Haus,
94209 Regen;
Tel.: +49 (0)9921 76748;
Öffnungszeiten: 23. April bis 18.Sept: tägl. 10–16 Uhr; 24. Sept.–16 Okt.: Sa, So: 10–16 Uhr;
www.burgverein-weissenstein.de

Nach so viel Geschichte erwartet die Besucher der Stadt Regen am Fluss Regen erst einmal eine Pause. Wer sich die Beine vertreten möchte, fühlt sich im Kurpark wohl und kann sich auf kunstvolle Begegnungen freuen: Gleich sechs Künstler haben sich mit Skulpturen aus Eisen, Stahl und Stein verewigt. Ihre Skulpturen laden die Reisenden zu einer fantastischen Reise ein, auf der ihnen eine lautlose Flötenspielerin ebenso begegnet wie ein fliegender Fisch. Sollte es tatsächlich einmal regnen, dreht man der Kunst ganz einfach für eine Weile den Rücken zu und geht ins Museum. Etwa in das Niederbayerische Landwirtschaftsmuseum in der Schulgasse, wo Geräte wie Leinsamenklapper, Baumheber und Strohseilmaschine vorgestellt werden. Auf 2.000 Quadratmetern kann man Agrargeschichte

Genuss-Tipp

Berggasthof Hinhart – das Biker-Paradies

Im schattigen Biergarten des Berggasthofs Hinhart kann man unter bis zu 300 Jahre alten Bäumen ein kühles Bier und eine herrliche Aussicht auf Regen und Burg Weißenstein genießen. Radfahrer und Mountainbiker schätzen den Berggasthof als Stützpunkt auf ihren Touren. Es gibt auch eine Extra-Strecke für Bergabfahrer. Und auf dem Flusswanderweg am Regen werden Kanutouren organisiert.

Berggasthof Hinhart
Hinhart 18, 94209 Regen
Tel. +49 (0)9921 94340
Öffnungszeiten:
Do–Di: 8–24 Uhr
www.berggasthof.de

MTB-ZONE Bikepark Geißkopf
Unterbreitenau 1, 94253 Bischofsmais
Tel. +49 (0)9920 903135
Öffnungszeiten:
Mi–So: 9–17 Uhr
www.bikepark.net

Regen 022

hautnah erleben. Ein Spaziergang am Fluss Regen und zum Malerwinkel, von wo aus der Blick zur Kirche besonders hübsch ist, runden den Stadtspaziergang ab. Besonders lebhaft wird es in Regen alle zwei Jahre am Pfingstwochenende. Dann findet hier das Volksmusikspektakel „Drumherum" statt, und auf allen öffentlichen Plätzen spielen rund 2.000 Musiker vor bis zu 40.000 Besuchern kostenlos auf.

Niederbayerisches Landwirtschaftsmuseum, Schulgasse 2, 94209 Regen; Tel. +49 (0)9921 60485; Öffnungszeiten: Mo–So: 10–17 Uhr; www.nlm-regen.de

> ### Über Nacht 🏠
>
> *★ ★ Hotel Wieshof Regen*
> *Poschetsrieder Straße 2*
> *94209 Regen*
> *Tel. +49 (0)9921 970160*
> *info@hotelwieshof.de*
> *www.hotelwieshof.de*
> *DZ ab 78 Euro*
>
> *Brauerei Gasthof Falter*
> *Am Sand 14, 94209 Regen*
> *Tel. +49 (0)9921 9603377*
> *post@brauereigasthof-regen.de*
> *www.brauereigasthof-regen.de*
> *DZ ab 89 Euro*

Doch auf einer Reise entlang der Bier- und Burgenstraße darf eine Visite bei Regens Bier- und Eiskellern in der Pfleggasse natürlich nicht fehlen. 21 Bier- und Eiskeller, die inzwischen etwa 300 Jahre alt sind, wurden hier aus dem „Regenbühl Gneis" gemauert, den es nur in Regen gibt. Mitte des 19. Jahrhunderts brachte es Regen bei 1.500 Einwohnern auf 14 Brauereien. Auf 107 Einwohner kam demnach eine Brauerei. Man könnte nun vermuten, dass sich die Bürger in diesem Bierparadies vor allem von Bier ernährten – aber natürlich wurde das heimische Regener Bier auch außerhalb der Stadt getrunken.

Privatbrauerei J.B. Falter Regen KG – mit zehn Kaltblütern zum Pichelsteiner Fest

1928 kaufte Johann Baptist Falter das „Bürgerliche Brauhaus", das schon seit 1649 seinen Sitz in Regen hatte. In einem Radius von rund 60 Kilometern erfrischen die Biere der Privatbrauerei J.B. Falter Regen KG heute die Bierliebhaber – auch mit Saisonbieren

023 Regen

wie Doppelbock und Schwarzbier. Zum traditionellen Pichelsteiner Fest gibt es das Pichelsteiner Festbier. Das Fest wurde 1874 zum ersten Mal gefeiert. Heute ist es im gesamten Bayerischen Wald das größte seiner Art. Pate war der deftige Pichelsteiner Eintopf, für den verschiedene Fleisch- und Gemüsesorten in einen großen Topf wandern. Wie das Blasorchester, der Festumzug, eine abendliche Gondelfahrt und das große Feuerwerk gehört auch der Bierwagen der Privatbrauerei J.B. Falter unbedingt dazu. Sie ist eine der wenigen Brauereien, die noch eigene Pferde – wunderschöne, große Kaltblüter – besitzt, die bei Festeinzügen zum Einsatz kommen. Beim Pichelsteiner Fest fährt die Brauerei sogar mit einem 10er-Zug ein.

Dem Bierwagen vorgespannt: Zugpferde der Privatbrauerei J.B. Falter Regen

Wer Lust hat, kann die Brauerei nach vorheriger Terminabsprache auch im Rahmen einer Führung besichtigen. Zwei Gebäudekomplexe mit roten Ziegelsteinen und ein älteres Gebäude mit alten Steinmauern gehören zum Betrieb. Der Hopfen kommt aus der Hallertau, dem größten Hopfenanbaugebiet Deutschlands, die Gerste aus Niederbayern und der Oberpfalz, und das Wasser kommt aus dem 75 Meter tiefen brauereieigenen Brunnen. Die Braumeister legen dabei Wert auf gleichbleibend hochwertige Rohstoffe – was sich in der Qualität des Bieres denn auch niederschlägt.

Privatbrauerei J.B. Falter Regen KG, Am Sand 15, 94209 Regen; Tel. +49 (0)9921 88230; Besichtigung nach vorheriger Terminabsprache; www.privatbrauerei-jb-falter.de

Touristeninformation

*Schulgasse 2, 94209 Regen
Tel. +49 (0)9921 60482
Öffnungszeiten:
Mo–Fr: 8–17 Uhr;
Sa, So: 10–17 Uhr;
Feiertage: 10–17 Uhr
www.regen.de*

Cham | Das Biertor am Regenbogen

Im Städtchen Cham scheinen für Bierliebhaber paradiesische Zustände zu herrschen, denn am nordwestlichen Ende des Regenbogens erwartet die Reisenden das Biertor. Doch wer jetzt vermutet, den direkten Weg in den Gerstensaft-Himmel gefunden zu haben, der irrt. Denn das Biertor ist eigentlich ein Burgtor, dessen Entstehung sich wohl ins 14. Jahrhundert datieren lässt. Es ist das einzige erhaltene von ehemals vier Stadttoren. Den Ehrentitel Biertor trägt es, weil neben dem Tor – anstelle der Chamer Burg – seit 1642 die kurfürstliche Brauerei die Versorgung mit Weißbier sicherstellte.

Und der Regenbogen? Das ist der Bogen, in dem der Fluss Regen um die bezaubernde Altstadt von Cham fließt. Ihr Herzstück ist der lebhafte Marktplatz, der von einem schönen gotischen Rathaus und mit viel

Durchs Biertor ins Paradies

025 **Cham**

Liebe gepflegten Bürgerhäusern umgeben ist. Hier wird nach alter Tradition auch heute noch regelmäßig ein Maibaum aufgestellt. Neueren Datums als dieser schöne Brauch ist der Marktplatzbrunnen von Joseph Michael Neustifter. Er plätschert dort seit 1995. Mitten im Getümmel der Brunnenfiguren ist auch der berühmte Graf Nikolaus von Luckner zu sehen, der es

> ### Genuss-Tipp
>
> *Haxn und Kunst in der Wasserwirtschaft*
>
> *„Haxnessn" heißt es jeden ersten und dritten Freitag im Monat in der Wasserwirtschaft in Cham. Aber auch an den anderen Tagen des Monats gibt es deftige Schmankerln – und natürlich ein zünftiges Bier. Die Wasserwirtschaft liegt direkt am Regen und hat auch einen Bootsanleger. Vier Radwege führen an dem Biergarten vorbei. Und sogar Kunstliebhaber kommen bei den Ausstellungen auf ihre Kosten.*
>
> *Wasserwirtschaft*
> *Oberer Regenanger 3, 93413 Cham*
> *Tel. +49 (0)9971 862424*
> *Öffnungszeiten: Mo–So: 10–23 Uhr*
> *www.wasserwirtschaft-cham.de*

Außen ist St. Jakob von geradliniger Schlichtheit geprägt …

… innen von barocker Pracht.

als Bürgersohn bis zum Marschall von Frankreich und zum Adelstitel des Grafen brachte. Weil der Komponist Claude Joseph Rouget de Lisle ihm die Marseillaise widmete, wird die heutige Nationalhymne von Frankreich jeden Tag um 12.05 Uhr vom Glockenspiel am Rathausfirst gespielt. Es scheint, als würde der Marschall von seinem Brunnenplatz aus schon auf die ersten Töne der Melodie warten.

Es gibt viel zu sehen in Cham, so dass eine ausgiebige Stadtwanderung alle begeistert, die Sinn für Schönheit und Geschichte haben. Allein die Türme der Stadt lohnen eine kleine Fotosafari. Traumhaft schön ist zum Beispiel der Innenraum der Stadtpfarrkirche St. Jakob, die ihren Turm selbstbewusst in den Himmel reckt. Die Ruine des Ödenturms Chameregg lässt noch

027 **Cham**

immer erahnen, wie trutzig die Burg war, zu der er im 13. Jahrhundert gehörte. Ebenso alt ist der mächtige Straubinger Turm. Auf seinem Dach ist ein Storchennest zu sehen, in dem Jahr für Jahr Weißstörche brüten.

Auf dem Straubinger Turm brüten alljährlich die Störche.

links unten: Ruine des Ödenturms Chameregg

Über Nacht

★★★ *Parkhotel Cham*
Prälat-Wolker-Straße 5
93413 Cham-Altenmarkt
Tel. +49 (0)9971 3950
info@parkhotel-cham.de
www.parkhotel-cham.de
DZ ab 79 Euro

Touristeninformation

Propsteistraße 46
93413 Cham
Tel. +49 (0)9971 803493
Öffnungszeiten:
Okt. bis April: Mo–Fr: 8–17 Uhr;
Mai bis Sept.: Mo–Fr: 8–17 Uhr;
Sa: 9.30–11.30 Uhr
www.cham.de

Runding | Ofenschreier und andere Gespenster

Waschechte Burgenromantik erwartet die Besucher auf dem Schlossberg in Runding. Allerdings ist dort nur noch eine Ruine, die man nach einem moderaten Fußmarsch erreicht, wenn man den Weg mit dem passenden Namen „Zur Burgruine" einschlägt. Doch die Ruine ist mit ihrer Gesamtfläche von 15.000 Quadratmetern außerordentlich beeindruckend. Schließlich ist sie die ehemals größte Burganlage im Bayerischen Wald. Begründet wurde die Burg von den Runtingern, die 1118 das erste Mal erwähnt wurden. Die Burg ist vermutlich noch älter.

Die Burgruine Runding hat eine Fläche von 15.000 Quadratmetern.

Zwar standen die Burgherren im Dienst der Markgrafen von Cham und Vohburg, doch sie vermochten ihre Position geschickt auszubauen. Nach etwa 300 Jahren gab es jedoch keine Nachkommen mehr, und die Burg ging in den Besitz von Heinrich Nothaft über.

Runding

Er und seine Nachfahren herrschten hier 400 Jahre lang, allerdings mit einer Unterbrechung von etwa 70 Jahren während der Reformationszeit. Die neuen Herren bauten die Burg zu einer eindrucksvollen „Veste" aus. Die Einfälle der Hussiten im 15. Jahrhundert und der Dreißigjährige Krieg erschütterten die Veste und die umliegenden Orte sehr. Und auch wenn sich die Besitzer mühten: Es folgten weitere wirtschaftliche Einbrüche, bis schließlich im Jahr 1829 der Bayerische Staat das Schloss und die Herrschaft Runding für fast eine Viertelmillion Gulden ersteigerte. Später wurde das Objekt an den Münchner Hofbankier Hirsch weiterverkauft, der die Gebäude verfallen ließ. Am Ende verkaufte Hirsch das Schloss an einen Bauern aus der Gegend, der die Burg aber gleichfalls nicht vor dem Verfall bewahren konnte. Erst in den frühen 1990er Jahren begann die Gemeinde zu retten, was noch nicht gänzlich zerfallen war. 1996 wurde der Verein „Burgfreunde Runding e. V." gegründet. Wissenschaftliche Grabungen haben Teile der Anlage freigelegt. Interessante Funde kann sich der Reisende in Rundings alter Dorfkirche anschauen.

Wissenschaftlich vollkommen ungesichert, aber umso charmanter sind die Geschichten über die Schlossgespenster, die auf der alten Burg ihrer Profession nachgingen – und spukten. 1846 berichteten

Die Burg Runding bot ihren Bewohnern einst einen hervorragenden Überblick.

Bernhard Grueber und Adalbert Müller in ihrem Buch „Der Bayrische Wald" von einem eisgrauen Männchen, dass von der Geisterstunde bis zum ersten Hahnenschrei in der Kanzlei saß und pausenlos schrieb und siegelte. Ein wenig gruseliger war wohl der Ofenschreier. Mit klirrendem Säbel polterte er durchs Schloss und prüfte alle Öfen. Brannte in einem Ofen kein Feuer, dann konnte er schrecklich fluchen und schimpfen. Doch nachdem es in der Ruine Runding nun keine Öfen und keine Kanzlei mehr gibt, dürften sich die Schlossgespenster mittlerweile wohl diskret zur ewigen Ruhe zurückgezogen haben.

Ein anderer Anziehungspunkt ist der Blauberger See. Auch er ist – genau wie die Burgruine – nicht mehr das, was er einmal war. Von 1888 bis 1967 gab es hier nämlich einen Steinbruch, in dem Granit abgebaut wurde, danach wurde aus dem Steinbruch noch für eine Weile ein Schotterwerk. Inzwischen ist die Grube längst voll Wasser gelaufen und zum Blauberger See geworden, in dem im Sommer besonders Jugendliche ihren Spaß haben. Angler freuen sich, weil sie im Blauberger See Barsche, Hechte, Karpfen, Schleie, Waller und Zander

---

Genuss-Tipp

Kleinkunst vom Feinsten auf der Liederbühne Robinson

Im Rundinger Ortsteil Vierau, direkt am Blauberger See, liegt die Liederbühne Robinson. Die Kleinkunstbühne – sie ist eine der ältesten Bayerns – ist bekannt als Sprungbrett für Kabarettisten, Musiker und Kleinkünstler. Hier begannen Michael Mittermeier und Django Asül ihre Laufbahn. Bei gutem Wetter kann der Gast Guiness vom Fass und das beliebte Chili con Soja im Naturbiergarten genießen.

Liederbühne Robinson
Seeweg 2, 93486 Runding
Tel. +49 (0)9971 4651 (ab 12 Uhr)
Öffnungszeiten: Mi, Do: 17–1 Uhr; Fr, Sa: 18.30–1 Uhr; So: 11–21 Uhr
www.liederbuehne.de

fangen können. Und wenn der See im Winter eine ausreichend dicke Eisdecke vorweisen kann, trifft man sich hier sogar zum Eisstockschießen.
Burg Runding, Zur Burgruine, 93486 Runding; Tel. +49 (0)9971 856213; Öffnungszeiten: nach telefonischer Vereinbarung; www.burg-runding.de

Der stolze Turm der Alten Kirche in Runding ist nicht zu übersehen.

Über Nacht

Reiterhof Runding
In den Sallerwiesen 1
93486 Runding
Tel. +49 (0)99 71 9990
service-team@familienhotel-reiterhof.de
www.familienhotel-reiterhof.de
DZ ab 35 Euro

Touristeninformation

Gemeinde Runding
Kirchstraße 6
93486 Runding
Tel. +49 (0)9971 85620
Öffnungszeiten:
Mo–Fr: 8–12 Uhr;
Mo: 13–17 Uhr; Do: 13–19 Uhr
www.runding.de

Amberg | Vilsabwärts Eisen, vilsaufwärts Salz

Wenn's ums Bier geht, dann können die Amberger ein gewichtiges Wörtchen mitreden. Immerhin war die Stadt mit den gut erhaltenen mittelalterlichen Stadtanlagen in Bayern einmal der Ort mit den meisten Brauereien. Selbst heute bringen es die Stadt mit ihren gut 44.000 Einwohnern und der Landkreis noch auf stolze 14 Brauereien, die samt und sonders als Familienbetriebe das Brauhandwerk pflegen. Bis zu 13 Sorten Bier werden heute in einem Betrieb gebraut. Früher waren die Menschen vermutlich weniger wählerisch, denn weil das Brunnenwasser meist nicht genießbar war, musste sogar mit Bier gekocht werden. Die lukullischen Ergebnisse dieser Not begeistern die Gourmets noch heute: Wenn Brot aus gutem Bierteig, der berühmte Karpfen in Bierteig, deftiger Bierbrauerbraten oder ein dunkles Biergulasch auf den Tisch

Die Stadtbrille ist eines der schönsten Fotomotive Ambergs.

kommen, läuft wohl jedem Gast der Stadt das Wasser im Munde zusammen. Umso mehr, wenn zu der deftigen Mahlzeit ein naturtrübes Bier serviert wird.

> **Genuss-Tipp**
>
> **Kre-Schnitzel im Bruckmüller Brauwirtshaus**
>
> Vor dem Panieren wird das Kre-Schnitzel mit Kre verfeinert, den die meisten als Meerrettich kennen. Das I-Tüpfelchen darauf ist die in Butterschmalz goldgelb ausgebackene Panade. Außerdem werden Dotsch aufgetischt – so heißen in der Oberpfalz die Kartoffelpuffer. Mit Lachs oder klassischem Apfelmus sind sie ein Genuss. Im Sommer gibt es einen wunderschönen Biergarten. Die Türen sind barrierefrei, und es gibt ein Behinderten-WC.
>
> Bruckmüller Bräuwirtshaus
> Vilsstraße 2, 92224 Amberg
> Tel. +49 (0)9621 12147
> Öffnungszeiten: Di–So: 10–1 Uhr
> www.brauwirtshaus.de

Doch nicht nur das Bier spielte eine große Rolle in Amberg. Wichtig waren auch Eisen und Salz: „Vilsabwärts Eisen, vilsaufwärts Salz, das ist der Handel der Oberen Pfalz" – so sagt es der Volksmund. Im 14. und 15. Jahrhundert deckten die über 200 Oberpfälzer Hammerwerke etwa 20 Prozent des europäischen Eisenbedarfs. Erz und Eisen wurden zunächst auf der Vils und der Naab nach Regensburg verschifft, um dann in alle Himmelsrichtungen transportiert zu werden. Auf dem Rückweg wurde Salz geladen, mit dem der nordbayerische Raum bis ins 19. Jahrhundert von Amberg aus versorgt wurde.

Dass die „Eisenstadt" Amberg früh zu Reichtum kam, sieht man ihren mittelalterlichen Bauwerken noch heute an. Wer das kurfürstliche Schloss, das Zeughaus, die Regierungskanzlei und die sehr gut erhaltene Stadtbefestigung sieht, versteht, warum Amberg den Ruf der „festesten Fürstenstadt" hatte. Eine Besonderheit gibt es in der Stadt: Das Schloss wurde in Richtung der Stadt am stärksten befestigt, nachdem die Amberger die Machtgelüste eines der Schlossherren mit einem Bürgeraufstand quittiert hatten. Aber auch die schönen Bürgerhäuser und die Kirchen tragen sehr zum besonderen Charakter der Altstadt bei, etwa die direkt an der Vils gelegene Basilika St. Martin. Man sieht ihre dem Wasser zugewandte Seite besonders gut, wenn man die Schiffgasse vom ehemals kurfürstlichen Zeughaus aus in Richtung Basilika entlang schlendert. Der Turm von St. Martin ist übrigens über 90 Meter hoch und bietet einen sagenhaften Ausblick über die Stadt. Eines der beliebtesten Fotomotive der Stadt ist allerdings ein ganz anderes Gebäude: die Amberger Stadtbrille. Mit zwei mächtigen Bögen überspannt hier die Stadtmauer den Fluss Vils. Die Halbkreise der Bögen spiegeln sich im Fluss und bilden so die Brillengläser.

Die Basilika St Martin liegt direkt an der Vils.

Ausflugstipp
Hammerherrenschloss Theuern
Weil Amberg im Mittelalter ein Zentrum der Erzgewinnung war – die Oberpfalz gilt vielen ja sogar als Ruhrgebiet des Mittelalters – hatte auch das Handwerk hier goldenen Boden. Besonders die Hammerherren brachten es oft zu erheblichem Wohlstand. Ihre Hammerwerke oder Eisenhammer waren Handwerksbetriebe, in denen Schmiedeeisen hergestellt wurde. So kamen die Hammerherren zu ihrem Namen. Manche von ihnen stiegen gar in den niedrigen Adel auf und ließen sich große Schlösser bauen. Ein solches Schloss

ist das Hammerherrenschloss Theuern. Die Familie von Theuern wird 1092 erstmals urkundlich erwähnt. Ihre Nachfahren sind es vermutlich, die 1780 unter der Regie von Baumeister Wolfgang Diller den Grundstein für den Bau des spätbarocken Schlosses legten. Heute beherbergt Schloss Theuern ein Bergbau- und Industriemuseum: Arbeitswelt, Familienleben, Brauchtum und auch religiöse Themen aus alter Zeit wurden hier liebevoll aufbereitet und dem Besucher vorgestellt. Auch wenn die Bergleute einen schweren Beruf hatten, waren sie privilegiert und lebten als freie Menschen: Bergmänner durften mit ihren Familien ziehen, wohin sie wollten. Zu den Außenstellen des Museums gehört – neben Spiegelglasschleife, Polierwerk und Strommuseum – übrigens auch ein Hammerwerk. Hammerwerke wurden nur dort errichtet, wo Wasserkraft zur Verfügung stand. So steht auch das Werk Staubershammer des Museums Theuern an der Vils. Ursprünglich war es nicht hier, sondern in Auerbach erbaut worden.

Das Hammerherrenschloss Theuern beherbergt heute ein Bergbau- und Industriemuseum.

Museum Theuern, Schloss Theuern,
Portnerstraße 1, 92245 Kümmersbruck;
Tel. +49 (0)9624 832;
Öffnungszeiten: Di–Sa: 9–17 Uhr; So, Feiertage:
10–17 Uhr oder nach telefonischer Vereinbarung;
www.museumtheuern.de

Kummert Bräu – Hausbier, Karpfen und Theater

Franz Kummert betrieb schon seit 1909 eine gut gehende Gaststätte. Sein Bier bezog er von Verwandten, die eine Brauerei besaßen. Auf Grund des erfreulich hohen Bierkonsums gründete der erfolgreiche Gastronom im Jahre 1927 schließlich seine eigene Brauerei. Mit der Traditionssorte „Kummert Hell" schuf er die solide Grundlage eines Unternehmens, das bis heute ein erfolgreicher Familienbetrieb ist, in dem Bier noch immer handwerklich gebraut wird. Man nimmt sich Zeit. Mit all seinen Sinnen begleitet der Brauereimeister den Brauvorgang und prüft das Endprodukt.

Bei Kummert Bräu wird das Bier noch immer handwerklich gebraut.

Das Eh'häusl: „Wenn Du willst ein Mägdlein frei'n, musst Du Hausbesitzer sein!"

Wer einfach mal hineinschnuppern und die Atmosphäre in einer Brauerei erleben möchte, der kann als Gast der Brauerei-Gaststätte „Zum Kummert Bräu" ganz einfach das Sudhaus besuchen, denn das ist Teil der Gaststätte und trägt mit seinen kupfernen Sudkesseln und Leitungen zum stimmungsvollen Ambiente bei. In der Brauerei-Gaststätte – und nur dort – wird auch das unfiltrierte dunkle Hausbier ausgeschenkt: Sein herzhafter, malzaromatischer Geschmack harmoniert gut mit seinen dezenten Röstaromen.
Die Küche setzt auf regionale Spezialitäten: Wildmedaillons mit frischem Gemüse, Waldpilzen und Preiselbeerbirne und Leckereien aus den Metzgereien in der Nachbarschaft werden – je nach Saison – zum

Bier serviert. Und in den Monaten mit einem „r", also von September bis April, gibt es traditionell den fränkischen Karpfen. Der wird der Länge nach halbiert, in Fett gebacken und mit Kartoffel-Gurken-Salat serviert. Wer in historischer Stimmung essen möchte, kann sich nach Vorbestellung auch ein deftiges Ritteressen auftischen lassen. In den Sommermonaten ist es im Biergarten am schönsten. Im Schatten alter Kastanien genießt man Bierspezialitäten und bayerische Brotzeiten in gemütlicher Atmosphäre. Und am Wochenende wird unter dem Motto „Wirtshaus und Kultur" auch für geistige Nahrung gesorgt und der Gast mit Theater und Musik unterhalten.

Brauerei-Gaststätte zum Kummert Bräu, Raigeringer Strasse 11, 92224 Amberg; Tel. +49 (0)9621 15259; Öffnungszeiten: Mo, Mi–So: ab 10 Uhr; Di: ab 17 Uhr; www.zumkummertbraeu.de

Nicht jeder Amberger war reich, davon zeugt das Eh'häusl. Heute ist es das vermutlich kleinste Hotel der Welt. Es hat armen Leuten die Eheschließung ermöglicht, als in Amberg noch die einfache Regel galt: „Wenn Du willst ein Mägdlein frei'n, musst Du Hausbesitzer sein!" So wollten die Stadtväter im 18. Jahrhundert verhindern, dass arme Dienstboten heirateten, Kinder bekamen und irgendwann der Armenhilfe auf der Tasche lagen. Doch das Eh'häusl konnten sie sich für kurze Zeit kaufen – und flugs heiraten. Heute mieten sich dort Flitterwöchner ein.

Über Nacht

★★★ *Hotel Brunner*
Batteriegasse 3, 92224 Amberg
Tel. +49 (0)9621 4970
info@hotel-brunner.de
www.hotel-brunner.de
DZ ab 84 Euro

Eh'häusl
Seminargasse 8, 92224 Amberg
Tel. +49 (0)9621 37854
info@stadtbau-amberg.de
www.ehehaeusl.de
DZ 240 Euro

Touristeninformation

Hallplatz 2, 92224 Amberg
Tel. +49 (0)9621 10239
Öffnungszeiten:
April bis Okt.:
Mo–Fr: 9–17.30 Uhr;
Sa: 10–13 Uhr;
Nov. bis März:
Mo–Fr: 9–17 Uhr
www.amberg.de

Sulzbach-Rosenberg

Erst Industrie, dann Kultur

2002 war endgültig Schicht im Schacht des Eisenwerks Maxhütte. Sulzbach-Rosenberg verlor sein wichtigstes wirtschaftliches Standbein. Doch das Aus für die Stadt war das noch lange nicht, denn wo sich Altes verabschiedet, kommt etwas Neues. Inzwischen haben sich viele innovative Unternehmen hier niedergelassen, und die Wirtschaft prosperiert wieder. In Sulzbach-Rosenberg war es jedoch insbesondere die Kultur, die der Stadt mit den rund 19.500 Einwohnern neuen Schwung verlieh. Nicht umsonst ist sie auch als „inoffizielle Kulturhauptstadt der Oberpfalz" bekannt.

Im Sulzbacher Literaturarchiv gibt es sogar Originale von Grass zu entdecken.

Wer die Stadt besucht, wird schon an der Autobahn A6 von Oskar Matzerat, dem kleinen Helden aus Günter Grass' „Blechtrommel" begrüßt. Nicht ohne Grund, denn das Sulzbacher Literaturarchiv besitzt Originale von Grass und anderen namhaften Autoren. Und als 2008 im Verlagsarchiv der „Historischen Druckerei Seidel" Wilhelm Buschs Bildergeschichte „Der Kuchenteig" entdeckt wurde, war nicht nur die Fachwelt begeistert.

Weitere Sehenswürdigkeiten können Besucher in der historischen Altstadt erkunden: So steht etwa eine der schönsten Synagogen Bayerns in Sulzbach-Rosenberg. Sie wurde restauriert und dient nun als Gedenk- und Begegnungsstätte. Mit der Stadtmauer bilden Rathaus, Kirchen und Bürgerhäuser ein bezauberndes Altstadtensemble, durch das sich wunderbar flanieren lässt. Außerdem gibt es in Sulzbach-Rosen-

039 Sulzbach-Rosenberg

berg das Erste Bayrische Schulmuseum und das Stadtmuseum – beide Häuser entführen Alt wie Jung in eine ungemein vielseitige Vergangenheit. Und als Industriedenkmal ist die Maxhütte – genau wie der Bergwerk-Schaustollen Max – ein wichtiger Anziehungspunkt, in dem so manches Histörchen aus der wechselvollen Industriegeschichte bewahrt wird.

Die Maxhütte ist heute ein Industriedenkmal.

Etwa die Geschichte des wilden Bierstreiks, der drei Tage dauerte: Der Anlass war, dass den Arbeitern 1960 in den Werken der Maxhütte das Biertrinken verboten werden sollte. Das erregte die Gemüter der Arbeiter so heftig, dass die Arbeitgeberseite am Ende Zugeständnisse machen musste. Bier ist aus Sulzbach-Rosenberg ebenso wenig wegzudenken wie aus der gesamten Oberpfalz. Sogar Malz wird hier noch produziert. Und zwei Brauereien gibt es auch – Sperber-Bräu und Fuchsbeck. Dass es Ende Juni auf dem Altstadtfest, Ende Juli auf dem Annabergfest, Ende August auf der Sulzbacher Kirchweih, die übrigens „Woizkirwa" genannt wird, und später auf der Rosenberger Kirchweih ein gutes Bier gibt, ist also sichergestellt.

In der Brauereigaststätte Sperber-Bräu lässt sich's gut leben.

Ausflugstipp
Spaziergang zum Sulzbacher Schloss

Stadtspaziergänge führen in Sulzbach-Rosenberg regelmäßig zum Schloss. Wenn sich die helle Fassade von einem strahlend blauen Himmel abhebt, ist es hier am allerschönsten.

Im Sulzbacher Schloss kann man seine Fantasie übrigens sehr weit in die Vergangenheit zurückschicken, denn schon für die Zeit um 800 kann eine Bebauung des Schlossbergs nachgewiesen werden. Das ergaben archäologische Ausgrabungen, die Ende des 20. Jahrhunderts auf dem Schlossberg durchgeführt wurden. In dem Material, mit dem man einst den Burggraben auffüllte, wurde nämlich ein besonders altes Fundstück entdeckt: ein Riemenschieber aus dem 9. Jahrhundert. Riemenschieber benutzt man übrigens noch heute. Mit ihnen befestigt man das Ende des Gürtels, das durch die Schnalle gezogen wurde.

Wer sich für Geschichte interessiert, ist auf Schloss Sulzbach also an genau der richtigen Adresse. Kaiser Karl IV., Pfalzgraf Ruprecht III., Ottheinrich II., Pfalzgraf August und Pfalzgräfin Franziska Dorothea – die Liste

Nach dem Tod der letzten Pfalzgräfin Franziska Dorothea kam das Sulzbacher Schloss immer mehr herunter.

041 **Sulzbach-Rosenberg**

Auch als Waisenhaus wurde das Schloss genutzt.

der historischen Persönlichkeiten, die auf dem Schloss lebten oder zumindest in seine Geschicke eingriffen, ist lang. Doch nachdem die letzte Pfalzgräfin Franziska Dorothea im Jahr 1794 starb, kam das Schloss immer mehr herunter. Es wurde als Kaserne und Lazarett genutzt, beherbergte einen Verlag, später Gefangenenanstalten, zunächst für Frauen, später für Männer, und schließlich sogar eine Mädchen- und anschließend eine Offiziersschule. Auch ein Militärwaisenhaus und das Heimatmuseum fanden hier zeitweise ihren Platz. Steht einem nach soviel Geschichte der Sinn nach Natur und frischer Luft, ist der südwestlich des Schlosses gelegene Bürgerpark gerade das richtige Ziel. Die Stadt und ihre Bürger zogen an einem Strang, als leere Stadtkassen eine Sanierung zu

---

Genuss-Tipp

Der Bayerische Hof und seine Nachbarn

Direkt am Schloss – und am Fünf-Flüsse-Weg, wo viele Radfahrer vorbeikommen und am Abend gut essen wollen – liegt das Restaurant „Bayerischer Hof". Saisonale Schlemmereien wie Pilze, Spargel oder Fisch sind immer eine Einladung für Gourmets – die auch von weit her anreisen. Die Familie von Hildegard Eberwein besitzt das Anwesen seit 1826. Die direkten Nachbarn der Familie waren in früheren Jahrhunderten die adligen Bewohner des herzoglichen Schlosses.

Restaurant Bayerischer Hof
Luitpoldplatz 15, 92237 Sulzbach-Rosenberg
Tel. +49 (0)9661 51700
www.bayerischerhof-su-ro.de

Im Bürgerpark kann man trefflich entspannen.

verhindern drohten: Die Bürger gründeten einen Bürgerparkverein und nahmen sich vor, nicht nur die Sanierung des Stadtweihers und des Erlbachs voranzutreiben, sondern die Neugestaltung des gesamten Geländes. Mit Erfolg: Neue Spazierwege wurden angelegt, Holzbrücken überspannen den Bach, Spielplätze wurden gebaut und standortgerechte Gehölze gepflanzt.

Sperber Bräu – Bierdurst und Wissensdurst
In der Rosenberger Straße 14 finden Stadtwanderer den Brauereigasthof Sperber, der gleich aus zwei Gründen ein interessantes Ziel darstellt: Zum einen ist die Familiengeschichte der Brauer-Familie Sperber etwa seit der Wende vom 19. zum 20. Jahrhundert eng mit

Im Brauereigasthof Sperber stillen Bierseminare den Wissensdurst.

Sulzbach-Rosenberg

> ### Über Nacht
>
> ★ ★ ★ *Hotel Gasthof Bayerischer Hof*
> *Luitpoldplatz 15+17, 92237 Sulzbach-Rosenberg*
> *Tel: +49 (0)9661 876010*
> *bayerischerhof-su-ro@t-online.de*
> *www.bayerischerhof-su-ro.de*
> *DZ ab 60 Euro*
>
> ★ ★ ★ *Hotel-Gasthof Am Forsthof*
> *Forsthof 8, 92237 Sulzbach-Rosenberg*
> *Tel. +49 (0)9661 87570*
> *info@gasthof-heldrich.de*
> *www.hotel-am-forsthof.de*
> *DZ ab 65 Euro*

dem Bier verknüpft, auch wenn das Bier zunächst noch in der Hinteren und nach 1920 in der Vorderen Brauhausgesellschaft gebraut wurde. Doch 1936 ersteigerte schon die zweite Generation, Barbara und Christian Sperber, ein Brauhaus mitsamt dem heutigen Brauereiausschank. Seit 1960 braut Familie Sperber hier ihr Bier und sorgt mit deftiger Oberpfälzer Küche dafür, dass jedes Bier seinen schmackhaften Begleiter findet. Zum anderen entschied Brauer Christian Sperber sich, nachdem er von seinen Gästen immer wieder zur Herstellung seiner vielen Biersorten befragt wurde, Bierseminare zu veranstalten, in denen jeder lernen kann, was das Besondere an den verschiedenen Biersorten ist: Neben dem Bierdurst wird in den unterhaltsamen Seminaren nun auch der Wissensdurst gestillt.

Sperber Bräu, Rosenberger Straße 14, 92237 Sulzbach-Rosenberg;
Tel. +49 (0)9661 87090;
Termine nach Vereinbarung;
www.sperberbraeu.de

> ### Touristeninformation
>
> *Luitpoldplatz 25*
> *92237 Sulzbach-Rosenberg*
> *Tel. +49 (0)9661 510-110/*
> *-163/-180*
> *Öffnungszeiten:*
> *Mo, Di, Do: 8–12/14–16 Uhr;*
> *Mi: 8–12/14–15 Uhr;*
> *Fr: 8–12 Uhr*
> *www.sulzbach-rosenberg.de*

Auerbach

Wo der Ur zu Hause war

Als Bischof Otto der Heilige von Bamberg 1119 das Kloster Michelfeld gründete, wurde dem Kloster auch das in der Nähe liegende, noch unbedeutende Dorf Urbach übereignet. Den Mönchen wurde das Markttreiben rund ums Kloster allerdings bald zu munter, und mit Einwilligung des Kaisers und des Bischofs wurde der Markt 1144 nach Urbach verlegt. Die damalige Ansiedlung der Michelfelder rund um die ebenfalls neu errichtete Kirche prägt noch heute die Struktur des Ortes.

Der Ortsname Urbach, der sich zum Namen Auerbach wandelte, leitet sich übrigens vom Ur ab, dem Auerochsen, der am hiesigen Bach wohl häufig anzutreffen war, mittlerweile jedoch ausgestorben ist. Einen würdigen Nachfolger hat er mit dem Heckrind bekommen. Dabei handelt es sich um eine Rückzucht, mit der die Brüder Heck eine widerstandsfähige Rasse begründeten, die viele Eigenschaften des Auerochsen vorweisen kann. Wer die Tiere kennenlernen möchte, kann sie sich im Naturschutzgebiet „Grubenfelder Leonie" ansehen, wo sie seit 2000 das ganze Jahr über anzutreffen sind.

Heckrinder im Naturschutzgebiet „Grubenfelder Leonie"

045 Auerbach

Gehalten hat sich der Auerochs aber zumindest seit 1409 in Siegel und Wappen der Stadt Auerbach. Wem der Sinn nach Natur steht, dem sei der zertifizierte Qualitätswanderweg „Erzweg" empfohlen, der über die Klosteranlage Michelfeld und natürlich die ehemaligen Schachtanlagen Maffei und Leonie in Auerbach führt. Mehr als die Hälfte der Wanderstrecke legt man auf diesem Weg nicht auf Asphalt oder Schotter zurück, sondern auf natürlichem Boden. Traumhaft schöne Ausblicke in bezaubernde Täler, über sanfte Hügel, auf malerische Wasserläufe und duftende Wälder verwöhnen die Wanderer.

Auf dem Wappen der Stadt Auerbach ist der Auerochse zu sehen.

Genuss-Tipp

Deftige Brotzeiten auf dem Grottenhof

Eine Schutzhütte mit Ausschank gibt es am Eingang zur Maximiliansgrotte schon seit dem Jahre 1880. Heute werden im gegenüberliegenden Gasthof leckere Brotzeiten serviert – oder zum Mitnehmen eingepackt. Aus dem Holzofen kommt nicht nur knuspriges Holzofenbrot, sondern auch Holzofenpizza und Hax'n. Und der Schriftzug über dem Eingang zum Nebenraum – „Hopfen und Malz, Gott erhalt's"– bringt die Augen von Bierfreunden zum Leuchten.

Gasthof Grottenhof
Krottensee, 91284 Neuhaus
Tel. +49 (0)9156 434
www.grottenhof.de

Von der künstlerischen Schaffenskraft des 18. und des 19. Jahrhunderts zeugt die Asamkirche im Ortsteil Michelfeld, die ihren Namen den Brüdern Asam verdankt. Es handelt sich bei dem Gotteshaus um die barocke Pfarrkirche St. Johannes Evangelista, einst die Kirche des ehemaligen Benediktinerklosters Michelfeld. Sie wurde von den Brüdern Cosmas Damian und Egid Quirin Asam mit wunderschönen Fresken, einem herrlichen Hochaltar und Stuckfiguren ausgestattet.

Mit großem Aufwand wurde die ursprüngliche Pracht der Kirche im Rahmen einer aufwendigen Restaurierung bis 1997 wieder hergestellt. Im 1803 aufgelösten Kloster Michelfeld befindet sich heute eine Regens-Wagner-Einrichtung für geistig und mehrfach behinderte Frauen und Männer.

In Auerbach selber sind das gotische Rathaus mit seinem Sitzungssaal, die barocke Pfarrkirche St. Johannes der Täufer, die Spitalkirche St. Katharina und die Friedhofskirche St. Helena besonders sehenswert. Aus dem 16. Jahrhundert stammt die „Alte Münze" im Ortskern von Auerbach. Das dreigeschossige Gebäude mit Satteldach wurde vor einigen Jahren mitsamt seinem Vorplatz saniert. Eine kleine Gaststätte lädt zum Verweilen ein. Früher stand an dieser Stelle das Kastnerhaus. Der Kastner trieb als königlicher Beamter Abgaben ein, meist handelte es sich dabei um Naturalien. Unter König Wenzel wurden hier für etwa zehn Jahre am Ende des 14. Jahrhunderts die berühmten Auerbacher Pfennige geprägt. Einer grausamen Sage nach geht noch heute der alte Münzmeister dort um. Im Zorn soll er seinen Gesellen mit einem Hammer erschlagen haben, nachdem er ihn beim Stehlen erwischt hatte: Der Geselle hatte Gold in seiner Schnupftabakdose verschwinden lassen, dies aber geleugnet. Den mörderischen Münzmeister treibt auch 600 Jahre später noch sein schlechtes Gewissen um.

Über Nacht

Hotel Goldner Löwe
Unterer Markt 9
91275 Auerbach
Tel. +49 (0)9643 1765
hotel-goldner-loewe@t-online.de
www.hotel-goldner-loewe.de
DZ ab 87 Euro

Ausflugstipp
Maximiliansgrotte – Von Fledermäusen und Grottenkäse

In Tausenden von Jahren konnte sich die Maximiliansgrotte bei Auerbach zu der Attraktion entwickeln, die heute Besucher anzieht, die hier den größten Tropfstein Deutschlands – den Eisberg – bewundern wollen. Die Grotte ist außerdem die einzige Höhle in Deutsch-

047 Auerbach

land, die einen natürlichen Tageslichtschacht vorweisen kann. Windloch wird dieser Schacht genannt. Seit 1994 wird die anderthalb Kilometer lange Grotte umweltfreundlich beleuchtet.

Besonders niedrige und enge Abschnitte sind allerdings nicht begehbar. In den Sommermonaten können Besucher der Grotte an halbstündigen Führungen teilnehmen, im Winter bleibt die Grotte komplett geschlossen. Dann übernehmen Fledermäuse hier das Zepter und dürfen nicht gestört werden.

Ein ungewöhnliches Erlebnis ganz anderer Art ist der Grottenkäse, der in der Höhle reift. Die Wirtsleute des Grottenhofs, der nur 70 Meter vom Eingang zur Maximiliansgrotte entfernt liegt, stellen diesen Käse in der Gaststätte selbst her. Bevor der Hartkäse für die drei Monate zur Reifung in der Grotte eingelagert wird, wird er geräuchert.

Eine Spezialität ganz anderer Art ist der karstkundliche Wanderpfad, der schon 1936 eingeweiht wurde. Er ist rund 14 Kilometer lang und führt neben der Maximiliansgrotte auch zu kleineren Höhlen. Start und Ziel ist der Bahnhof Neuhaus.

Maximiliansgrotte, Krottensee, 91284 Neuhaus; Tel. +49 (0)9156 434; Öffnungszeiten: 1. April oder Ostern bis Ende Okt.: Di–So; Führungen: zwischen 10 und 17 Uhr zu jeder vollen Stunde, außer 13 Uhr; Mo Ruhetag, außer an Feiertagen; Im Winter den Fledermäusen vorbehalten und geschlossen; Anmeldungen für Gruppen ab ca. 10 Personen immer möglich; www.maximiliansgrotte.de

Faszinierende Formen ziehen die Besucher der Maximiliansgrotte in ihren Bann.

Touristeninformation

Oberer Marktplatz 1
91275 Auerbach
Tel. +49 (0)9643 200
Mo–Fr: 8–12; Mo, Di: 14–16.30;
Do: 14–17 Uhr;
www.auerbach.de
Mehr Informationen über Auerbach auf www.weber-rudolf.de.

Pegnitz | Von Flussquellen und Bierquellen

An der Quelle des Flusses Pegnitz liegt das oberfränkische Städtchen Pegnitz. Gut 14.000 Einwohner sind hier zu Hause und freuen sich mit ihren Gästen auf das Flinderer-Bierfest, das alljährlich von April bis Juni stattfindet. Während dieser Zeit flindern die Pegnitzer jede Woche in einer anderen Gaststätte: Dort wird das Flindererbier ausgeschenkt – es ist wohl die wichtigste Spezialität in dieser Zeit und wird von den Pegnitzer Brauereien gebraut. Selbstverständlich werden zu dem süffigen Festbier auch typische Brotzeiten aufgetischt.

Der idyllische Quellweiher der Pegnitz

Pegnitz

Wer sich nicht nur über Festbier und Flindern, sondern am liebsten über ganz Pegnitz einen Überblick verschaffen möchte, dem sei der Aussichtsturm auf dem etwa 543 Meter hohen Schlossberg empfohlen. Zugegeben: Man muss 97 Stufen erklimmen und sollte besser schwindelfrei sein, doch am Ende werden die Mühen des Aufstiegs mit einem fantastischen Ausblick auf Pegnitz belohnt. Auch der Blick in die nördliche Oberpfalz und die fränkische Alb ist einfach fantastisch.

Vom Aussichtsturm auf dem Schlossberg reicht der Blick bis in die Oberpfalz.

Ein Spaziergang durch Pegnitz zeigt fränkische Beschaulichkeit, hält aber auch moderne Freizeit-Attraktionen bereit: Das im Jahr 1347 erbaute, mittelalterliche Rathaus mit seinem Fachwerk, das in mehreren Kriegen zerstört, aber immer wieder renoviert wurde, ist einen Besuch wert. Bei der Renovierung 1929 wurde auch das hübsche Fachwerk am Giebel wieder freigelegt. Wasserratten haben ihren Spaß im Ganzjahresbad CabrioSol. Das Dach des Bades wird je nach Witterungsverhältnissen geschlossen oder geöffnet, so dass bei gutem Wetter unter freiem Himmel geschwommen wird. Und im Alten Schloss ist eine Multimedia-Ausstellung zu sehen, die über die Geschichte der Stadt aufklärt. Ein anderes beliebtes Ziel der Stadtwanderer ist natürlich die Pegnitzquelle am östlichen Hang des Schlossbergs.

Genuss-Tipp

Die Zaußenmühle an der Pegnitzquelle

In der historischen Zaußenmühle – erbaut um 1450, zerstört während des Dreißigjährigen Krieges und wiedererbaut im Jahre 1710 – bietet die Küche selbstgemachte Flammkuchen mit unterschiedlichen Belägen. Sonntags gibt es ein saftiges Schulterstück vom Schwein: fränkische Schäuferle. Direkt hinter dem Haus entspringt die Quelle der Pegnitz. Dort kreuzen sich gleich mehrere Wanderwege.

Gasthaus Zaußenmühle
Bayreuther Straße 3, 91257 Pegnitz
Tel. +49 (0)9241 6808
www.zaussenmuehle.com

Die historische Zaußenmühle wurde erstmals im 15. Jahrhundert erbaut.

Ausflugstipp
Bierquellenwanderweg

Bierliebhaber hingegen ziehen der Pegnitzquelle vermutlich den Bierquellenwanderweg vor, der durch mehrere Orte führt. Die Ziele des ca. 18 Kilometer langen Wegs sind nämlich vier fränkische Kleinbrauereien. Den Startpunkt kann man sich dabei nach Belieben oder nach persönlichem Biergeschmack auswählen, schließlich ist der Bierquellenwanderweg ein Rundweg. Eine Etappe führt über 3,2 Kilometer von Weiglathal nach Lindenhardt: Sie beginnt bei der Brauerei Übelhack (Ruhetag Montag) und führt die Wanderer nach Lindenhardt. Von dort geht die nächste Etappe von der Brauerei Kürzdörfer (Ruhetag Montag) nach Leups. Dort wandert man von der Brauerei Gradl aus (Ruhetag Dienstag), welche ein wunderbar dunkles Bier braut, das einem englischen Guiness nicht unähnlich ist, weiter in Richtung Büchenbach. In Büchenbach wiederum beginnt die mit 9 Kilometern längste Strecke bei der Brauerei Herold (Ruhetag Dienstag), die das ebenfalls dunkle Beck'n-Bier anbietet sowie hausgemachten Kuchen am Wochenende, und führt über Trockau wieder nach Weiglathal.

Über Nacht

Hotel Restaurant Ratsstube
Hauptstraße 43
91257 Pegnitz
Tel. +49 (0)9241 809084
kontakt@ratsstube-pegnitz.de
www.ratsstube-pegnitz.de
DZ ab 70 Euro

Touristeninformation

Hauptstraße 37
91257 Pegnitz
Tel. +49 (0)9241 7230
Öffnungszeiten:
Mo–Fr: 8–12 Uhr; Di: 14–16 Uhr;
Mo, Do: 14–16.30 Uhr
www.pegnitz.de

Bayreuth : Die Festspielstadt

Wer heute an Bayreuth denkt, hat erst einmal die Festspiele und Richard Wagner im Sinn: Markgräfin Wilhelmine war es, die Lieblingsschwester von Friedrich dem Großen, deren Kunstsinn Bayreuth noch heute prägt. Die Markgräfin ließ nicht nur von 1744 bis 1748 das Markgräfliche Opernhaus erbauen, sondern auch die Eremitage, das Neue Schloss, die Friedrichstraße und den Hofgarten. Sie unterhielt ein Opernensemble, eine Ballett- und eine Schauspieltruppe. Das Opernhaus gilt vielen als das schönste bis heute erhaltene Barocktheater in Europa. Im 19. Jahrhundert wurde das Richard-Wagner-Festspielhaus auf dem Grünen Hügel, einer Anhöhe im Bayreuther Stadtgebiet, erbaut. Hier ließ Richard Wagner erstmals 1876 sein Musikdrama „Der Ring des Nibelungen" in Gänze aufführen. Die hervorragende Akustik ist dabei auch der kompletten Holzauskleidung des Gebäudes zu verdanken. Sogar auf die Polsterung der Stuhlflächen, die zu viel Schall zu schlucken drohte, wurde zunächst verzichtet, um den Klang der Musik nicht zu beeinträchtigen. Das internationale Publikum der Bayreuther Festspiele hätte diese kleine Unannehmlichkeit sicher bis heute gern in Kauf genommen, um

Das Markgräfliche Opernhaus wurde zwischen 1744 und 1748 erbaut.

den Wagnerschen Musikdramen zu lauschen. Doch bei der Erneuerung der Bestuhlung in den 1960er Jahren wurden auch die Sitzflächen dünn gepolstert.
Stadt Bayreuth, Neues Rathaus, Luitpoldplatz 13, 95444 Bayreuth; Tel. +49 (0)921 250; Öffnungszeiten: Mo–Sa: 10–19 Uhr; www.bayreuth.de

Das Richard-Wagner-Festspielhaus

Maisel's Brauerei- & Büttnerei-Museum – Zwei Brauereien, zwei Biermuseen

Von der 1887 gegründeten Regionalbrauerei entwickelte sich die Brauerei Gebr. Maisel zu einer Weißbierbrauerei, die sich in ganz Deutschland und auch über die Landesgrenzen hinaus einen Namen gemacht hat. Im Jahr 1955 wurde die Brauerei mit der Einführung eines Weißbiers zum Trendsetter. In Maisel's Brauerei- & Büttnerei-Museum können sich Bierfans auf die Spuren dieser Entwicklung begeben. Denn was dem Wagner-Jünger der Besuch der Bayreuther Festspiele, das ist den Bierliebhabern der Besuch dieses Museums. Im alten, mit Zinnen geschmückten Stammhaus der Brauerei, in dem bis 1974 noch Bier gebraut wurde, erwartet die Besucher eine faszinierende Reise in die Vergangenheit des Bieres. Die alte Brauerei ist übrigens noch voll funktionsfähig, so dass man sofort mit dem Brauen beginnen könnte. Dampfmaschinen

Maisel's Weisse ist deutschlandweit bekannt.

und Brauanlagen stehen noch immer am alten Platz. So gewinnt der Besucher einen authentischen Eindruck von der Welt der Brauer.

Maisel's Brauerei- & Büttnerei-Museum hat es als „umfangreichstes Biermuseum" bereits 1988 ins Guinness-Buch der Rekorde geschafft. Und wer sich umschaut, findet dies schnell bestätigt: Allein die große Dampfmaschine, die dafür sorgte, dass in der Brauerei alle Maschinen zuverlässig liefen, und das Herzstück des Unternehmens, das Sudhaus mit den blinkenden Sudpfannen aus Kupfer, lassen die Augen von technikinteressierten Bierfreunden leuchten. 400 seltene Emailleschilder, 5.400 Biergläser und -krüge und eine umfangreiche Bierdeckelsammlung erzählen ebenfalls Geschichten aus der Welt des Biergenusses. Es ist natürlich Ehrensache, dass es für alle Besucher ab 16 Jahre am Ende der Führung in der „Alten Abfüllerei" ein gutes Bier gibt.

Maisel's Brauerei- & Büttnerei-Museum

Genuss-Tipp

Auf den Spuren von Markgräfin Wilhelmine

Von April bis September begrüßt die Schlossgaststätte Eremitage ihre Gäste mit anspruchsvollen Spezialitäten aus der mediterranen Küche. Auch fränkische Köstlichkeiten stehen auf dem Programm. Im Schlossbiergarten der Eremitage, die von Markgräfin Wilhelmine miterbaut wurde, findet jeder sein Lieblingsplätzchen und genießt den schönsten Barockgarten weit und breit bei einem kühlen Weißbier.

Schlossgaststätte Eremitage
Eremitage 6, 95448 Bayreuth
Tel. +49 (0)921 799970
www.eremitage-bayreuth.de

Bayreuth

Neben dem Brauerei-Museum sind die Katakomben der Bayreuther Bierbrauerei ein spannendes Ziel, das nur 300 Meter vom Museum entfernt ist und zu einer Reise in die Stadt- und Biergeschichte Bayreuths einlädt. Wie das Museum können auch die Katakomben nur auf Voranmeldung und im Rahmen einer geführten Besichtigungstour angeschaut werden. Die Treppe hinunter geht es in die faszinierenden Felsenkeller mit ihrer verwunschenen Atmosphäre. Vermutlich wurden die unterirdischen Gänge vom 16. bis zum 19. Jahrhundert in den Sandstein getrieben. Hier wurden lange Zeit die Bayreuther Biere gelagert: Das verwinkelte Felsengängesystem bot den Brauern ideale Voraussetzungen für die Vergärung. Aber auch wie Büttner und Schuster früher arbeiteten und viele andere Details der Stadtgeschichte kann man hier erkunden. Während der Bombenangriffe im Zweiten Weltkrieg suchten und fanden hier übrigens die Menschen Schutz.

Brauerei Gebr. Maisel KG,
Hindenburgstraße 9, 95445 Bayreuth;
Tel. +49 (0)921 4010;
www.maisel.com;
Maisel's Brauerei- & Büttnerei-Museum, Kulmbacher Straße 40, 95445 Bayreuth;
Tel. +49 (0)921 401234;
Öffnungszeiten:
Einzelbesucher Mo–So: 14 Uhr;
Gruppenführungen ab 12 Personen nach telefonischer Vereinbarung;
www.maisel.com/museum

Über Nacht

★★★★ *Hotel Goldener Anker*
Opernstraße 6
95444 Bayreuth
Tel. +49 (0)921 7877740
info@anker-bayreuth.de
www.anker-bayreuth.de
DZ ab 138 Euro

★★★ *Hotel Goldener Hirsch*
Bahnhofstraße 13
95444 Bayreuth
Tel. +49 (0)921 15044000
goldener.hirsch@bayreuth-online.de
www.bayreuth-goldener-hirsch.de
DZ ab 85 Euro

Touristeninformation

Opernstraße 22
95444 Bayreuth
Tel. +49 (0)921 88588
Öffnungszeiten:
Mai bis Okt.: Mo–Fr: 9–19 Uhr;
Sa: 9–18 Uhr; So: 10–14 Uhr;
Nov. bis April: Mo–Fr:
9–19 Uhr; Sa: 9–18 Uhr
www.bayreuth-tourismus.de

Marktleugast | Glaube und Natur

Von Bayreuth sind es keine 40 Kilometer mehr und die Reisenden erreichen Marktleugast. Der beschauliche Ort mit seinen rund 3.300 Einwohnern bietet mit dem Naturlehrpfad Zechteich östlich des Ortsteils Marienweiher eine herrliche Oase für Naturliebhaber. Um nach Marienweiher zu gelangen, biegt man von der Kulmbacher Straße in die Stammbacher Straße ab. Der Naturlehrpfad ist mit seinen 800 Metern zwar nicht sonderlich lang, aber dennoch ein echtes Juwel: Hier findet man Ruhe und Erholung. Wer den Zechteich umrundet, kann sich auf 35 Tafeln über die heimische Tier- und Pflanzenwelt informieren. Hier erfährt man, wie Frösche heranwachsen, welche Aufgaben die Forstwirtschaft hat und für welche Insekten das Wasser ein guter Lebensraum ist.

Über Nacht

Klosterbräu Marienweiher
Gasthof & Brauhaus
Marienweiher 6
95352 Marktleugast
Tel. +49 (0)9255 8077350
info@kloster-gasthof.de
www.kloster-gasthof.de
DZ ab 54 Euro

Um die barocke Wallfahrtskirche kuscheln sich die Häuser von Marienweiher.

057 Marktleugast

> ### Genuss-Tipp ✕
>
> *Frische Forellen in der Kleinrehmühle*
>
> *Inmitten der Natur kann man es sich im Biergarten der Kleinrehmühle bei Familie Wagner gut gehen lassen. Eine frisch geräucherte Forelle aus der hauseigenen Fischzucht ist das ganze Jahr über ein kulinarischer Höhepunkt. Kinder können sich auf dem Spielplatz mit Trampolin oder Kletterburg austoben und haben viel Spaß mit den freilaufenden Tieren.*
>
> *Kleinrehmühle*
> *95352 Marktleugast*
> *Tel. +49 (0)9255 413/7565*
> *www.kleinrehmuehle.de*

Das zweite wichtige Ziel in Marienweiher ist die barocke Basilika. Die Ausstrahlungskraft der wunderschönen Wallfahrtskirche ist so groß, dass die Menschen aus bis zu 100 Kilometern Entfernung hierher pilgern. Betritt man die helle, lichtdurchflutete Kirche, fällt der Blick sofort auf die Marienstatue, die zentral in der Kirche aufgestellt ist. Auch das herrliche Deckenfresko zieht die Aufmerksamkeit auf sich: Es zeigt Darstellungen aus dem Freudenreichen Rosenkranz – unter anderem die Geburt Jesu. Den hübschen Turm mit seinem Zwiebeldach kann man zwar nur von außen betrachten, als Werk von Johann Michael Küchel, einem der letzten großen Barockbaumeister in Franken, ist er jedoch besonders interessant.

Wallfahrtsbasilika Marienweiher, Pilgerbüro, Marienweiher 4, 95352 Marktleugast;
Tel. +49 (0)9255 808147;
Öffnungszeiten: Mo, Di, Do: 8–12/13–15.30 Uhr; Fr: 8–12 Uhr;
www.basilika-marienweiher.com

Wappen von Marktleugast

> ### Touristeninformation ℹ
>
> *Verwaltungsgemeinschaft Marktleugast*
> *Neuensorger Weg 10*
> *95352 Marktleugast*
> *Tel. +49 (0)9255 9470*
> *Öffnungszeiten:*
> *Mo–Fr: 8–12 Uhr;*
> *Do: 15–17.30 Uhr*
> *www.markt-marktleugast.de*

Kulmbach — Von Anisbrötchen und Stadtpfeifern

Bereits im 11. Jahrhundert wird Kulmbach in einer Schenkungsurkunde als Kulma erwähnt. Damals standen der Stadt aufregende Zeiten bevor: Als Markgraf Albrecht Alcibiades ganz Franken unter seine Fittiche zwingen wollte, wurde Kulmbach im Zuge der Kämpfe 1533 geplündert. 1554 wurde auch die Plassenburg zerstört. Diese Geschehnisse werden mit Hilfe von Zinnfiguren im Deutschen Zinnfigurenmuseum Kulmbach auf der Plassenburg anschaulich dargestellt.

Wechselhaft war auch die weitere Geschichte der Stadt: Wegen seiner Geliebten Lady Elizabeth Craven verkaufte Markgraf Carl Friedrich Alexander in der zweiten Hälfte des 18. Jahrhunderts die Markgrafschaft Brandenburg-Bayreuth, zu der auch Kulmbach gehörte, an seinen Vetter, den König von Preußen. Deshalb war Kulmbach preußisch, bis es im Jahre 1810 wieder Bayern zugesprochen wurde. Durch den Anschluss an die König-Ludwig-Süd-Nord-Bahn im Jahre 1846 wuchs Kulmbach wirtschaftlich sehr stark, insbesondere die Brauereien. Denn nicht zuletzt Dank seiner hervorragenden Biere ist Kulmbach weithin bekannt. Die einzige Brauerei in Deutschland, die mit Genehmigung der Stadt ein Wappen im Firmenemblem führen darf, hat hier ihren Sitz.

Gut zum Bier passt übrigens die Kulmbacher Bratwurst. Sie ist sehr fein, hat einen hohen Kalbfleischanteil und

Das Kulmbacher Rathaus hat eine bezaubernde Rokokofassade.

Kulmbach

wird mit einem Anisbrötchen serviert. So gestärkt, kommt eine Stadtbesichtigung gerade recht, um sich die Beine zu vertreten. Das Kulmbacher Rathaus aus dem Jahr 1752 steht am südöstlichen Ende des Marktplatzes. Seine Rokokofassade ist ein beliebtes Fotomotiv, und so mancher freut sich über Prudentia und Justitia, die hier daran erinnern, dass Klugheit und Gerechtigkeit schon immer wünschenswerte Eigenschaften der Herrschenden waren. Ganz in der Nähe vom Rathaus steht auch der imposante Luitpoldbrunnen, der mit Skulpturen von Eduard Beyrer geschmückt ist. Auf diesem Platz trinkt man bei gutem Wetter seinen Kaffee, flaniert ein wenig über den Platz und schaut anderen dabei zu, wie sie das Gleiche tun. Interessant ist auch das Kulmbacher Badhaus, dessen

Den Luitpoldbrunnen zieren Skulpturen von Eduard Beyrer.

Im fünften Stock des Roten Turms wohnte einst der Stadtpfeifer.

restaurierte Badstube den Besuchern zeigt, wo man sich hier im Mittelalter zum Baden traf. Der Weiße und der Rote Turm, die zur Stadtmauer gehörten, stammen ebenfalls aus dem Mittelalter. Der Rote Turm hat eine musikalische Vergangenheit: Im fünften Geschoss des Turms wohnte der Stadtpfeifer.

Das Badhaus, in dem man sich im Mittelalter zum Bade traf.

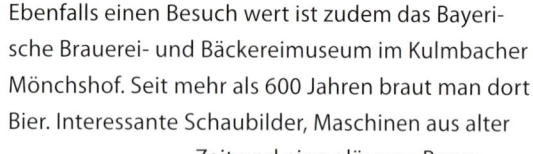

Ebenfalls einen Besuch wert ist zudem das Bayerische Brauerei- und Bäckereimuseum im Kulmbacher Mönchshof. Seit mehr als 600 Jahren braut man dort Bier. Interessante Schaubilder, Maschinen aus alter Zeit und eine gläserne Brauerei führen den Besucher in die Faszination des Brauwesens ein. Themen wie „Bierkultur im Wandel der Zeit", „Werbung rund ums Bier" und „Brauereiarchitektur" schaffen eine abwechslungreiche Ausstellung. Auch das angeschlossene Bäckereimuseum ist sehenswert – eine besondere Attraktion ist das Backhäuschen.

Kulmbacher Kommunbräu – Schwarze Tinte und Hexenbier

Die Kulmbacher Kommunbräu entstand 1990 in gemütlicher Runde am Stammtisch. Im Mittelpunkt stand die Idee, dass Kulmbacher Bürger, die das Braurecht besitzen, künftig die Tradition des handwerklich gebrauten Bieres fortführen sollten. Gesagt, getan: 1992 gründeten die Initiatoren eine Genossenschaft, 1994 stießen sie erstmals mit ihrem eigenen, traditionell gebrauten Bier an. Ganz im Zeichen fränkischer Tradititon betreibt nun die Wirtsfamilie Stübinger die Kulmbacher Kommunbräu. Im angeschlossenen Brauereiwirtshaus können Gäste einem kleinen Vortrag über Bier- und Zapfkunde lauschen – und so das Wirtshaus später als Bierkenner wieder verlassen.

Das Bierbrauen kann der Gast gleich bis zu viermal wöchentlich direkt miterleben. Zu deftigen Spezialitäten wie Fränkischem Carpaccio oder Hax'n mit Kraut kann er sich sogar ein großes Fass Kommunbräu zum Selberzapfen auf den Tisch stellen lassen. Unter anderem wird hier gern unfiltriertes, also naturtrübes Hell- und Bernsteinbier getrunken.

Die Bierspezialitäten tragen Namen wie Hexenbier, Schwarze Tinte und Deflorator. Bierfreunde entnehmen dem aktuellen Kommun-Bierkalender, welche

In der Kulmbacher Kommunbräu erhält das Bier Namen wie Hexenbier und Deflorator.

Kulmbach 062

Die Plassenburg beherbergt das Deutsche Zinnfigurenmuseum Kulmbach.

Sorten die monatlichen „Neuerscheinungen" sind. Am Ersten des Monats gibt es ein kleines Fest zu Ehren der neuen Bierkreation, und damit man weiß, was für ein Bier man da gerade feiert, gibt es ein „Versucherla" – eine Probe – gratis. Wer mag, genießt zum Bier oder

Genuss-Tipp

Kulmbacher Kommunbräu

Schon beim Betreten des Brauereiwirtshauses der Kulmbacher Kommunbräu lassen die glänzenden Kupferkessel den Gast erkennen: Hier wird das Brauhandwerk noch wirklich gelebt – und genossen. Heute wird im Wirtshaus, das auch Brauhaus ist, zu einer Nackerda gern ein Deflorator getrunken. Die Nackerda ist eine ausgezogene Stadtwurst, die vom Darm befreit wurde. Und der Deflorator – ein helles Bockbier – ist das passende Bier.

Kulmbacher Kommunbräu
Grünwehr 17, 95326 Kulmbach
Tel. +49 (0)9221 84490
Öffnungszeiten: Mo–So: 10–24 Uhr
www.kommunbraeu.de

nach dem Essen einen feinen Schnaps: Der hauseigene Bauernhof im idyllisch gelegenen Rotmaingrund besitzt das „kleine Brennrecht": Dieses gestattet es, die Früchte, die auf dem Bauernhof und in seiner Umgebung wachsen, zu einem Obstbrand zu veredeln. Nur einwandfreie und vollreife Früchte schaffen es bis zum Brennvorgang. Schon der Klang von Namen wie „Birne vom alten Baum" oder „Pflaume im Eichenfass" macht Lust auf mehr.

Der Weiße Turm gehört zur Kulmbacher Stadtmauer.

Über Nacht

★★★★ **Achat Plaza Kulmbach**
Luitpoldstraße 2
95326 Kulmbach
Tel. +49 (0)9221 6030
kulmbach@achat-hotels.com
www.achat-hotels.com
DZ ab 85 Euro

★★★ **Hotel Weißes Roß**
„Altstadt Hotel"
Marktplatz 12
95326 Kulmbach
Tel. +49 (0)9221 95650
info@weisses-ross-kulmbach.com
www.weisses-ross-kulmbach.de
DZ ab 80 Euro

Touristeninformation

Sutte 2, 95326 Kulmbach
Tel. +49 (0)9221 95880
Öffnungszeiten:
Mai bis Okt.: Mo–Fr: 9–18 Uhr;
Sa: 10–13 Uhr; Nov. bis April:
Mo–Fr: 10–17 Uhr
www.kulmbach.de

Hohenzollern-Residenz Plassenburg
Frauenschicksale auf der Plassenburg

Einen besonders imposanten Eindruck macht die Plassenburg, wenn man sie vom gegenüberliegenden Rehberg aus betrachtet. Das Wahrzeichen Kulmbachs liegt, umrahmt von Baumkronen, hoch über den Dächern der Stadt. 1135 wird das Bauwerk das erste Mal schriftlich erwähnt. Es gilt heute als eines der größten Renaissancegebäude Deutschlands und ist besonders für seinen herrlichen Arkadenhof mit seinem detailfreudigen Reliefdekor bekannt. Während ihrer langen Geschichte haben verschiedene Nutzungen die Plassenburg geprägt: Zuerst diente sie verschiedenen Adelsgeschlechtern als Residenz, so etwa den Markgrafen von Brandenburg, die seit 1415 aus dem Geschlecht der Hohenzollern stammten.

Markgraf Kasimir von Brandenburg-Kulmbach sperrte seinen Vater 12 Jahre in der Plassenburg ein.

1493 wurde die Plassenburg zum Familiengefängnis der Markgrafen zu Brandenburg. Diese traurige Entwicklung begann, als Markgräfin Barbara von Brandenburg der Heiratspolitik ihrer Brüder nicht mehr folgte und von ihnen ins Gefängnis gesperrt wurde. In Anlehnung an die dramatischen Umstände dieses Frauenschicksals schrieb übrigens Sabine Weigand den historischen Roman „Die Markgräfin". Und 1515 ließ Markgraf Kasimir zu Brandenburg seinen Vater Friedrich den Älteren für zwölf Jahre in einem

Turmzimmer der Plassenburg einsperren, um selbst an die Macht zu kommen. Erst als Kasimir starb, wurde Friedrich wieder befreit.

Ab 1530 bauten die Markgrafen zu Brandenburg die Burg zu einer Festung um. 20 Jahre später kam dem Burgherrn ein italienischer Baumeister zu Hilfe. Ein kleines Heer von 150 italienischen Maurern baute – gemeinsam mit vielen deutschen Handwerkern – in den Burggräben drei moderne Bastionen. Im Zweiten Markgrafenkrieg hielt die Festung der Belagerung dann auch sieben Monate stand, ehe die Veste im Sommer 1554 kapitulieren musste und von den Bundesständen mit der Nürnberger Schraube traktiert und schließlich angezündet wurde. Die Nürnberger Schraube war eine Brechschraube, mit der besonders

Im Mittelalter bauten die Markgrafen die Plassenburg zu einer Festung aus.

starke Mauern eingedrückt werden konnten. Eine Zeichnung der Brechschraube ist im Landschaftsmuseum Obermain auf der Plassenburg zu sehen.

Von 1817 bis 1909 war in der Plassenburg dann ganz offiziell ein Gefängnis untergebracht, von 1914 bis 1918 ein Kriegsgefangenenlager und dann bis 1928 ein Zuchthaus. Heute wird die Burg kulturell genutzt. Es sind drei Museumskomplexe in den alten Mauern untergebracht: die Markgrafenzimmer aus dem 17. Jahrhundert, das Museum „Hohenzollern in Franken" und das Armeemuseum „Friedrich der Große". Nicht zu vergessen ist die Zinnfigurenausstellung, sie gilt als das weltweit größte Zinnfigurenmuseum. Die Pausen zwischen den Besuchen der einzelnen Museen kann man sich im Burgcafé bei Kaffee und Kuchen versüßen.

Wie jede Burg, die etwas auf sich hält, hat selbstverständlich auch die Plassenburg ihre eigene Sage. Es ist die Geschichte der „Frau in Weiß". Sie gilt als Unheilsbotin der Hohenzollern und kündigt durch ihr Erscheinen den nahenden Tod desjenigen an, der sie erblickt. Hinter der Sage verbirgt sich ein grausames Frauenschicksal: Als Graf Otto VII. während einer Sauhatz ums Leben kommt, werden die benachbarten

Heute wird die Plassenburg kulturell genutzt.

Hohenzollern – zwei Brüder – auf Grund eines im Jahre 1338 geschlossenen Vertrags zur neuen Herrschaft der Plassenburg. In einen der beiden Brüder, in Albrecht den Schönen, verliebt sich Ottos Witwe Kunigunde. Die Eltern des schönen Albrecht aber sind gegen diese Verbindung. Diese Botschaft überbringt ein Bote der Witwe Kunigunde mit den Worten „vier Augen sind im Weg". Jetzt nimmt das Verhängnis seinen Lauf, denn Kunigunde meint nun, ihre beiden kleinen Kinder würden ihrer Liebe im Weg stehen. Sie tötet die Kinder, doch ihre Untat kommt ans Tageslicht, Albrecht nimmt entsetzt Abstand von der Mörderin. Die unglückliche Kunigunde macht eine Wallfahrt, rutscht auf ihren Knien zum Kloster Himmelkron – und verstirbt auf dem Weg dorthin. Seither erscheint sie den Hohenzollern als weiß gekleidete Unglücksbotin. Soweit die Sage, tatsächlich jedoch hatten Kunigunde und ihr Gemahl aller Wahrscheinlichkeit nach nicht einmal Kinder. Kunigunde starb 1382 friedlich als Äbtissin des nach dem Tod ihres Mannes von ihr gestifteten Klosters Himmelsthron in Großgründlach bei Nürnberg.

Plassenburg, Festungsberg, 95326 Kulmbach;
Tel. +49 (0)9221 82200; Öffnungszeiten:
April bis Okt.: 9–18 Uhr; Nov. bis März: 10–16 Uhr;
www.schloesser.bayern.de

Hoch über der Stadt wirkt die Plassenburg sehr imposant.

Kasendorf Katze oder Panther?

Ist das Wappentier Kasendorfs eine Katze oder ein Panther?

Ein beschaulicher Sommertag in Kasendorf.

Um die Entstehung des Namens Kasendorf ranken sich Legenden. Er soll in Verbindung mit einer auf dem Wappen abgebildeten Katze stehen: Im Jahre 1328 bekam der Ort als „Kattzendorff" das Stadtrecht. Damit gestattete Kaiser Ludwig der Bayer den Burggrafen von Nürnberg, den Ort durch Gräben und Mauern zu befestigen. Ihnen unterstand nun die Gerichtsbarkeit, und sie verfügten über das Marktrecht. Das Wappentier wird inzwischen aber auch als Panther gedeutet – der wiederum ziert nämlich das Wappen der Walpoten. Und Kasendorf war ein Walpotenort, bis das Geschlecht ausstarb: Ihr letzter männlicher Nachkomme heiratete eine Frau aus dem Niederadel, was zum Abstieg der Walpoten geführt haben soll. Das Wort Walpote leitet sich übrigens aus den beiden Wörtern Gewalt und Bote ab. Mit dem königlichen Amtstitel des Walpoten bezeichnete man den Reichsgutverwalter als den Vertreter des Königs.

Kasendorf

Kasendorf und seine Umgebung sind sehr geschichtsträchtig, also ein lohnendes Ziel für alle historisch Interessierten. Im nahe gelegenen Pfarrholz gibt es zum Beispiel interessante Hügelgräber. Um die Verstorbenen im Jenseits gut versorgt zu wissen, gab man ihnen in der Hallstattzeit, die etwa von 750 bis 450 v. Chr. dauerte, Getränke in großen Vorratsgefäßen mit ins Grab. Dies bezeugen die im Kulmbacher Landschaftsmuseum ausgestellten Gefäßsätze, die in den Hügelgräbern im Pfarrholz bei Kasendorf gefunden wurden.

Genuss-Tipp

Brot und Spätzle – selbstgemacht in der Landgaststätte Herold

Selbstgebackenes Brot? Hausgemachte Spätzle? In der Landgaststätte Herold gibt es das auch heute noch. Der Gasthof liegt am Rande des Kasendorfer Ortsteils Heubsch und zugleich in der Nähe des Rotmain-Radwegs. Im Winter ist von Oktober bis April am Mittwoch Schnitzeltag.

Herold Heinz Landgaststätte
Heubsch 21, 95359 Kasendorf
Tel.: +49 (0)9228 499
www.landgaststaette-herold.de

Ein spannendes historisches Ziel ist auch der Magnusturm auf dem Turmberg, der auf den Fundamenten einer früheren Burg steht. Er verdankt seinen Namen dem Schutzpatron der Bergleute, dem heiligen St. Magnus, denn hier wurde Metall gewonnen. Einer alten Sage zufolge hörte man am Sonntag um Mitternacht einen Schmied hämmern, der auf Grund seiner Gier die sonntägliche Ruhepause nicht einhielt. Ihn soll der Teufel geholt haben. Die wichtigste Funktion des Magnusturms war, den Pass der Heerstraße zu überwachen. Um als offizielle Heerstraße akzeptiert zu werden, mussten zwei Reiter mit quergelegter Lanze auf der Straße problemlos aneinander vorbeireiten können. Die Instandhaltung oblag den Bauern, welche die Straßen aufschütten und Unkraut jäten mussten. Für diesen – durchaus beliebten – Frondienst wurden sie mit Bargeld entlohnt, wie sich in alten Belegen aus dieser Zeit nachlesen lässt. Mit Rauch- und Feuerzeichen konnte man von hier aus außerdem die Kulmbacher Plassenburg vor nahenden Gefahren warnen. Für den Geleitschutz des Handelsverkehrs zwischen Kulmbach und Kasendorf wurde Militär abgestellt, das die Wagenkolonnen vor ungerechtfertigten Zöllen schützen sollte. Heute kann man den Magnusturm im Innern seiner über drei Meter dicken Mauern über die 68 Stufen einer Wendeltreppe erklimmen. Oben angekommen, genießt man einen herrlichen Blick auf Kasendorf.

Die Kasendorfer Tanzlinde

071 Kasendorf

Das Alte Schulhaus und das Schloss im Ortsteil Peesten.

Dass Geschichte und Tradition eine fröhliche Angelegenheit sein können, stellen die Tanzlinden im Landkreis Kulmbach unter Beweis. Eine von ihnen – eine so genannte geleitete Linde – steht im Kasendorfer Stadtteil Peesten. Geleitete Linden werden von einem Gerüst aus Holz oder Steinpfählen gestützt. Der Tanzbuck, wie der Tanzboden bezeichnet wird, ist hoch oben in der Baumkrone. Dort darf getanzt werden. Als Wahrzeichen prägte die Tanzlinde über drei Jahrhunderte lang den alten Ortskern von Peesten. 1994 wurde auf zwölf Steinsäulen aus dem 18. Jahrhundert eine nach historischem Vorbild neue Holzkonstruktion erbaut und damit der Erhalt der Tradition ermöglicht. Die Wendeltreppe aus Sandstein, über die die Tänzerinnen und Tänzer in die Baumkrone gelangen, stammt sogar noch aus dem Jahre 1837.

Über Nacht

Hotel Goldener Anker
Marktplatz 9
95359 Kasendorf
Tel. +49 (0)9228 622
DZ ab 74 Euro

Touristeninformation

Marktplatz 8
95359 Kasendorf
Tel. +49 (0)9228 999660
Öffnungszeiten:
Mo–Fr: 8–12 Uhr; Mo, Mi: 14–16 Uhr/Do: 14–18 Uhr
www.kasendorf.de

Weismain | Radelvergnügen und Wasserspiele

Nordwestlich von Kasendorf liegt die Ortschaft Weismain. Hier lebt es sich meist beschaulich, doch manchmal wird es auch recht turbulent – etwa am Pfingstmontag, wenn von Kleinziegenfeld bis Weismain die Staatsstraße 2191 für Autofahrer gesperrt wird. Für acht Stunden haben an diesem Tag nur Wanderer und Radler das Vergnügen, hier eine Tour durch die Jura-Landschaft zu genießen. Auch einige Nebenstrecken sind gesperrt. Wacholderhänge, auf denen Schafe weiden, faszinierende Felsgebilde, glitzernde Bäche und malerische Täler erfreuen das Auge. Auch an die Sportler unter den Radlern ist gedacht, denn neben der Strecke durchs Tal gibt es auch anspruchsvollere Etappen durch die Berge.

Weismain, im Hintergrund die Stadtpfarrkirche St. Martin

073 Weismain

Aus ganz anderen Perspektiven erleben die Besucher der Umweltstation Weismain die Natur. Ein Lehrbienenstand, ein Feuergarten sowie ein Hexen- und Apothekergarten laden zu spannenden Erlebnissen ein. Das Angebot der Umweltstation ist weit gespannt: Von Töpferkursen im Nebengebäude bis zu naturkundlichen Exkursionen können die großen und kleinen Gäste viel erleben. Ein Anziehungspunkt ist auch der nur fünf Gehminuten von der Umweltstation entfernte Wasserspielplatz. Er liegt zwischen dem Mühlbach und der Weismain. Eine Wasserpumpe und Mühlräder laden zu nassem Spielvergnügen ein. Gut beraten ist, wer an Ersatzkleidung für seine Kinder gedacht hat.

Spaß für kleine Entdecker!

Die Umweltstation Weismain bietet zahlreiche Veranstaltungen an.

Weismain 074

Der Turm der Stadtpfarrkirche St. Martin wacht über Weismain.

Genuss-Tipp

Typisch fränkisch: Gasthof Zöllner

Traditionell, aber nicht verstaubt geht es im gemütlichen Gasthof Zöllner im Weismainer Ortsteil Kleinziegenfeld zu. Selbstverständlich stehen fränkische Spezialitäten auf dem Programm. Doch die saisonal orientierte Küche tischt auch gern einen feinen Juralammbraten oder frische Forellen auf. Typisch für die Region ist die fränkische Holzvertäfelung in beiden Asträumen.

Gasthof Zöllner
Kleinziegenfeld 41, 96260 Weismain
Tel. +49 (0)9504 266
www.gasthof-zoellner.de

075 **Weismain**

Weihersmühle im Kleinziegenfelder Tal

Wasser ist ein faszinierendes Element.

Über Nacht 🏠

★★★ *Hotel Alte Post*
Markt 14–16
96260 Weismain
Tel. +49 (0)9575 254
info@hotel-altepost.de
www.hotel-altepost.de
DZ ab 50 Euro

Hotel-Gasthof „Zur Krone"
Am Markt 13
96260 Weismain
Tel. +49 (0)9575 92220
info@zur-krone-weismain.de
www.zur-krone-weismain.de
DZ ab 48 Euro

Touristeninformation ℹ

Kirchplatz 7, 96260 Weismain
Tel. +49 (0)9575 921329
Öffnungszeiten:
Mo–Do: 9–12/13–16 Uhr;
Fr: 9–12 Uhr;
So, Feiertage: 14–17 Uhr
www.stadt-weismain.de

Weißen-brunn

Wo der Brunnen Bier spendet

Wenn es an der Strecke der Bier- und Burgenstraße einen Winkel gibt, an dem die Zeit ab und an für ein paar Augenblicke still steht, dann ist es der bezaubernde Paradiesplatz in Weißenbrunn. Wenn der Blick auf das alte Rathaus fällt, man bei jedem seiner Schritte das Kopfsteinpflaster unter den Füßen spürt und die Sonne in dem runden Wasserspiel glitzert, haben müde Radler genau wie eilige Autofahrer das Gefühl, angekommen zu sein. Und das sind sie auch – und zwar im Herzen des Bierdorfs, denn neben dem ehemaligen Rathaus befindet sich heute das liebevoll gepflegte Brauer- und Büttnermuseum Weißenbrunn. Hier sind Gäste zu Führungen und zu Bierseminaren willkommen. Man kann hier sogar lernen, sein eigenes Bier zu brauen. Wer Freude an Superlativen hat, dem wird die kleinste Brauerei der Welt gefallen: Mit dem Modell einer Brauerei lässt sich theoretisch sogar tatsächlich brauen!

Auch im Brauer- und Büttnermuseum Weißenbrunn gibt es Bierseminare.

077 Weißenbrunn

Brauer- und Büttnermuseum Weißenbrunn, Braustraße 5, 96369 Weißenbrunn; Tel. +49 (0)9261 40431/ 91663; Öffnungszeiten: nach telefonischer Vereinbarung; www.bbmuseum.de

Skurril: Der Jungfer-Kättl-Brunnen spendet zur Kirchweih sogar Bier.

Die Liebe zum Gerstensaft macht in Weißenbrunn selbst vor dem bemerkenswerten Jungfer-Kättl-Brunnen nicht halt: Tagein, tagaus fließt aus den Brüsten der Jungfer Wasser, doch zum Kirchweihfest wird der Brunnen an ein Bierfass angeschlossen. Glücklich ist der Bierfreund, der an diesem Tag sein Bier daraus trinken darf. Obwohl der Brunnen auf diese Weise sehr zur Unterhaltung beiträgt, schmückt er auch das Wappen der Gemeinde.

Das Rathaus von Weißenbrunn

Glücklich sind hier auch Mountain-Biker und andere Radler. Sie erkunden den Frankenwald auf Strecken ganz unterschiedlicher Schwierigkeitsgrade. Das Radwegenetz ist gut ausgebaut. Und auch Wanderer kommen gut voran. Ein schönes Ziel ist der Aussichtspunkt in Weißenbrunn-Wildenberg. Der Blick reicht bis zur Basilika Vierzehnheiligen und zum Kloster Banz in der Nähe von Bamberg. Schauen die Wanderer in die andere Richtung, ist die Veste Coburg zu sehen oder das Fichtelgebirge mit seinen

Genuss-Tipp

Pfefferhäxchen im Berggasthof Drei Linden

Im Ortsteil Wildenberg zeigt sich Weißenbrunn von seiner genussreichen Seite: Wenn im Gasthof Drei Linden eine deftige Brotzeit den Hunger vertreibt oder am Sonntag die knusprigen „Drei Linden-Pfefferhäxchen" mit Klößen serviert werden, läuft Liebhabern regionaltypischer Gerichte das Wasser im Munde zusammen.

Bergasthof Drei Linden
Wildenberg 17, 96369 Weißenbrunn
Tel. +49 (0)9264 7489

079 **Weißenbrunn**

beiden höchsten Bergen, dem Ochsenkopf und dem Schneeberg. Ein wenig Zeit sollte man sich für diese fantastische Aussicht unbedingt nehmen.

Das Brauer- und Büttnermuseum heißt seine Gäste willkommen!

In Weißenbrunn kann man sogar lernen, sein eigenes Bier zu brauen.

Über Nacht

Gasthof Frankenwald
Kulmbacher Str. 2
96369 Weißenbrunn
Tel. +49 (0)9261 4214
raether@gasthoffrankenwald.de
www.gasthoffrankenwald.de
DZ ab 45 Euro

Touristeninformation

Eichenbühl 27
96369 Weißenbrunn
Tel. +49 (0)9264 7304
www.weissenbrunn.de

Kronach | Sudpfannen in Frauenhand

Der Weg von Weißenbrunn nach Kronach führt fast direkt zur Festung Rosenberg. Wer mit dem Auto durch den Stadtkern fährt und in die Festungsstraße einbiegt, findet auf der rechten Seite einen großen Parkplatz. Nach weiteren 300 Metern zu Fuß ist die Festung dann erreicht. Die Geschichte der Stadt Kronach und der Festung Rosenberg sind untrennbar miteinander verwoben: Im Jahre 1003 wird Kronach als „Urbs Crana" zum ersten Mal urkundlich erwähnt. Ihre Tausend-Jahr-Feier hat die Stadt also schon erlebt, sogar mit einer Briefmarke wurden die „1000 Jahre Kronach" gewürdigt. Die Bischöfe des Hochstifts Bamberg waren von 1122 bis 1803 die Herren der Stadt Kronach. Schon 1323/1324 war Kronach eine Stadt mit mächtigen Mauern und sogar mit Vorstädten: Die Untere Stadt liegt an den drei Flüssen Haßlach, Kronach und Rodach. Die mauerbewehrte Altstadt, die Obere Stadt, liegt etwas höher. Als im Jahre 1430 Kronach von den

Die Geschichte der Festung Rosenberg ist eng mit der der Stadt Kronach verbunden.

081 Kronach

Hussiten belagert wird, fackeln die Bürger der Oberen Stadt nicht lange und zünden zu ihrer Verteidigung die Vorstadt eigenhändig an. Das soll jahrelange Streitigkeiten nach sich gezogen haben. Heute aber geht es in Kronach eher friedlich zu, was ein Spaziergang durch

Als „castrum in Ronssenberg" wurde die Festung schon 1246 erwähnt.

die Gassen der Oberen Stadt mit ihren Fachwerkhäusern und Türmen zu jeder Jahreszeit beweist.
Die beeindruckende Festung Rosenberg, die über der Stadt wacht, wurde übrigens als „castrum in Ronssenberg" schon 1246 erstmals urkundlich erwähnt. Die Festung umfasst eine Fläche von gut 23 Hektar und ist damit die größte existierende Festungsanlage Deutschlands. Weil ihr Bau rein militärisch ausgerichtet wurde, war die Festung in dieser Beziehung immer auf der Höhe der Zeit. Ihre Mauern scheinen nicht nur uneinnehmbar – sie waren es auch.
Kronach wurde während des Dreißigjährigen Krieges dreimal belagert, und zwar in den Jahren 1632, 1633 und 1634. Als 1634 die Truppen von Herzog Bernhard von Sachsen-Weimar die Stadt belagerten und angriffen, wäre es beinahe schlecht ausgegangen für Kronach. Viele Frauen unterstützten die Männer bei

der Verteidigung. Sie schleppten Steine heran und kochten im Bauhaus Wasser: „... mit Pflastersteinen, welche unser Weiber-Volk vnd Dienst-Mägd häuffig hinzu trugen, auch im untern Brauhauß die Pfannen anschüren vnd heißes Wasser machen mußten, starck begegnet, auch hinaus vffm Platz mit solchen Steinen unter die Völcker wurff, daß es viele blutige Köpff setzte." So berichtet Johann Nikolaus Zitter in der 1666 gedruckten „Cronachische Ehren Cron". Anstatt im Brauhaus Bier zu brauen, kochten die Frauen also in den Sudpfannen Wasser. Die Angreifer machten kehrt und ließen sich nicht wieder in Kronach blicken. Nach solchen Kämpfen waren die Bürger natürlich vollkommen erschöpft. Doch Bürgermeister und Stadtrat wussten Rat. Zur Stärkung der Kampfmoral wurden etliche Eimer Bier unters Volk gebracht. Ein Kronacher Eimer entsprach dabei 64 Kunigundenmaß, was wiederum 1 1/8 Liter Bier entspricht. Seit 1634 erinnert am Sonntag nach Frohnleichnam die Schwedenprozession an diese Ereignisse: Sie führt von der Stadtpfarrkirche St. Johannes zur Festung Rosenberg und wieder stadtwärts zur Ehrensäule auf dem Melchior-Otto-Platz.

Mithilfe von Sudpfannen und heißem Wasser verteidigten Kronachs Frauen die Stadt.

083 Kronach

Die Kronacher Frauen führen die Prozession nun seit rund 350 Jahren an. Die Kronacher Männer gehen hinter ihnen her.

Seit dieser schweren Zeit erzählt man sich in Kronach die Geschichte von der „Kroniche Housnkuh", der Kronacher Hasenkuh. Die Schweden belagerten die Festung. Es herrschte Hunger. Doch die Kronacher ließen ihre letzte Häsin auf der Mauer der Festung auf und ab hoppeln, um die Belagerer davon zu überzeugen, dass ihre Vorräte noch für viele Tage reichten. Die Schweden sollen der trickreichen List geglaubt und das Weite gesucht haben. Auch wenn diese Anekdote historisch nicht zu belegen und der Brauch wohl höchstens 150 Jahre alt ist: Die Kronacher erzählen ihren Gästen diese Geschichte sehr gern – und dass es vermutlich gar keinen direkten Zusammenhang mit dem Dreißigjährigen Krieg gibt, stört auch beim Zuhören niemanden.

Lucas Cranach d. Ä. war ein bedeutender Sohn Kronachs.

Doch nicht nur Burgen und Braukessel spielen in Kronach eine große Rolle, auch die Kunst hat hier Gewicht. Schließlich wurde der Renaissancemaler Lucas Cranach d. Ä. hier geboren, vermutlich im Jahre 1472. Sein Name war eigentlich Lucas Maler, doch es war damals durchaus üblich, dass sich bedeutende Maler nach ihrer Heimatstadt benannten. Wo heute sein Denkmal zu sehen ist, stand vermutlich sein Geburtshaus. Auf dem Cranach-Weg wird via Audioguide auf sieben Stationen aus seinem Leben berichtet. Kunstwerke von Lucas Cranach d. Ä. sind – neben denen anderer berühmter Maler – in der Fränkischen Galerie in der Festung Rosenberg zu sehen.

Verlässt man Kronach, um einen Abstecher nach Mitwitz zu machen, liegt rechts von der Straße die Heuni-

> **Genuss-Tipp** ✕
>
> *'s Antla bedeutet kleine Ente*
>
> *Durch eine Glasscheibe können die Gäste im 's Antla die leckeren Bauernenten bereits in der Küche auf dem Grill sehen. Eine gute Gelegenheit, auch gleich das passende Bier zu wählen: Vor dem Essen kann man sich aus drei kleinen Bierproben von je 0,1 Liter gegen kleines Geld sein Lieblingsbier aussuchen. Die Bierspezialitäten gibt es vor Ort in Flaschen oder auch im Fass zu kaufen.*
>
> *'s Antla*
> *Amtsgerichtsstraße 21, 96317 Kronach*
> *Tel. +49 (0)9261 5045950*
> *www.antla.de*

schenburg. Von dieser befestigten Anlage aus sollte, so wird vermutet, eine Handelsstraße überwacht werden, die ins Fichtelgebirge führte. Teilweise wurde die Anlage durch die Hänge des Wolfsbergs geschützt, doch nach Osten hin musste eine Wallmauer für Sicherheit sorgen. Bei Ausgrabungen machten die Forscher zahlreiche Waffenfunde und schufen durch ihre Erkenntnisse auch die Basis für die Rekonstruktion eines Teiles der Mauer.

Festung Rosenberg, 96317 Kronach; Tel. +49 (0)9261 60410; Öffnungszeiten: März bis Okt.: 9.30–17.30 Uhr; Mo Ruhetag; Führungen 11, 12.30, 14, 16 Uhr; www.kronach.de

> **Über Nacht** 🏠
>
> *Landgasthof Söllner*
> *Wirtsgasse 5*
> *96317 Kronach/Fischbach*
> *Tel. +49 (0)9261 3701*
> *landgasthof-soellner@web.de*
> *www.landgasthof-soellner.de.ms*
> *DZ ab 56 Euro*
>
> *Hotel Garni Försterhof*
> *Paul-Keller-Straße 3*
> *96317 Kronach*
> *Tel.: +49 (0)9261 962364*
> *info@foersterhof-kronach.de*
> *www.foersterhof-kronach.de*
> *DZ ab 58 Euro*

Kaiserhöfer Brauerei – Kaiserhöfer Schmäußbräu

„Der liebe Gott hat uns mit allem gesegnet, mein lieber Mann Bruno hatte Glück im Brauhaus wie im Geschäft." Bruno Kaiser ist der Mann, dem das Kronacher Traditionsbier

Kaiserhöfer seinen Namen verdankt und dessen Frau diese lobenden Worte niederschrieb. 1879 übernahm er die Gaststätte, die von nun an Kaiserhof hieß. Bruno hatte tatsächlich Erfolg. Im Jahre 1900 konnte er seine Brauerei um einen Eiskeller erweitern, fünf Jahre später um eine Sudhausanlage und weitere fünf Jahre später um ein Wohnhaus. 1920 übernahmen seine Söhne Mathias, Lothar und Hans die Brauerei und stellten sicher, dass in der heutigen Friesener Straße 1 weiterhin in zuverlässiger Qualität gebraut wurde. Den Kronachern schmeckt das Bier auch heute noch so gut, dass einige von ihnen gern ein paar Fläschchen mit in den Urlaub nehmen und den flüssigen Proviant dort in recht ungewöhnlichen Situationen fotografieren. Die Beweisfotos sind übrigens in der Brauerei zu sehen. Am liebsten sehen die Kronacher ihr bernsteinfarbiges bis dunkles Kaiserhöfer Schmäußbräu mit seinem leichten Rotstich aber im Krug vor sich auf dem Biertisch stehen. Das Schmäußbräu ist ein Vollbier: Mit verschiedenen Spezialmalzen gebraut, die dem Bier seine schöne Farbe verleihen und für das leichte Malzaroma verantwortlich sind, ist es ein kräftiger und süffiger Begleiter durch die Biergartenzeit. An den berühmtesten Sohn der Stadt erinnert das Lucas-Cranach-Lagerbier. Das darf etwas länger im Keller lagern, bevor es die Krüge füllt – ein Lagerbier eben.

Die Kaiserhof Brauerei ehrt den berühmtesten Sohn der Stadt mit dem Lucas-Cranach-Lagerbier.

Kaiserhof Brauerei,
Friesener Straße 1, 96317 Kronach;
Tel. +49 (0)9261 628000;
Öffnungszeiten: Mo–Fr: 7.30–12/
13–17 Uhr, Sa: 8–12 Uhr;
www.kaiserhofbraeu.de

Touristeninformation

Marktplatz 5
96317 Kronach
Tel. +49 (0)9261 97236
www.kronach.de

Mitwitz | Zwei Schneider und ein Tagebuch

Mitwitz ist ein kleiner fränkischer Ort mit nicht einmal 3.000 Einwohnern, bringt es aber dennoch auf gleich zwei Schlösser, denn neben dem bekannten Wasserschloss gibt es noch das so genannte Obere Schloss, das im Dreißigjährigen Krieg verwüstet wurde: „Kronacher fallen in Mitwitz ein, plündern das Schloss, zerschlagen und verwüsten alles." So beschreibt es der Mitwitzer Chronist Andreas Dötschel. Dass seine Schriften und die seines Bruders Georg überliefert sind, ist übrigens dem Zufall zu verdanken: Mitte des 20. Jahrhunderts fand man beim Abbruch einer Scheune auf einer Balkenablage ein Tagebuch. Es wurde von den Brüdern Dötschel im 17. Jahrhundert verfasst und ist heute ein authentischer Zeuge des Alltagslebens der kleinen Leute. Als Bauernsöhne, die auch das Schneiderhandwerk beherrschen, haben sie aufgezeichnet, was zu ihrer Zeit die Menschen bewegte. Ihnen zu Ehren hat man 1994 in der Parkanlage am Lindenweg einen Brunnen errichtet. Doch zurück zum Schloss: Es wurde um 1713 von Johann Ludwig von Würtzburg erneut aufgebaut und ist auch heute noch ein besonderes Schmuckstück des Ortes.

Das Obere Schloss wurde im Dreißigjährigen Krieg verwüstet.

087 Mitwitz

Neben dem Rathaus mit seiner abwechslungsreichen Vergangenheit, dem Steinernen Löwen, der als liebevolles Denkmal für Baronin Annie von Würtzburg aufgestellt wurde, und der Jakobskirche mit ihren Wandmalereien gibt es in Mitwitz eine besonders schaurige Sehenswürdigkeit zu entdecken: den Richtplatz mit dem sogenannten „Mitwitzer Galgen" – doch halt! Erstens stand an diesem Richtplatz gar kein Galgen, denn gerichtet wurde mit einem Rad. Und zweitens richtete hier keineswegs die Gemeinde Mitwitz Verbrecher, sondern die Herrschaft von Hassenberg. Dass an diesem Richtplatz Verbrecher qualvoll gerichtet wurden, stimmt jedoch. Zuletzt im Jahr 1791. Damals wurde Nikolaus Hofmann gerädert, der zuvor seine Eltern getötet hatte. Zur Erinnerung an die Richtstätte wurde an dieser Stelle ein Rad aufgestellt.

Der Steinerne Löwe erinnert an Baronin Annie von Würtzburg.

Das Mitwitzer Rathaus wird liebevoll gepflegt.

Ausflugstipp
Wasserschloss Mitwitz – Wo bitte geht's zum Schlossgespenst?
Das Wahrzeichen des Marktes Mitwitz ist das Wasserschloss. Als Mitwitz 1266 das erste Mal urkundlich erwähnt wurde, gehörte es den Herren von Schaumberg. Die Besitzer wechselten. 1525 wurde das Schloss

Mitwitz 088

während des Bauernkriegs geplündert, um 1600 von seinem neuen Besitzer Hans Veit I. von Würtzburg aber wieder aufgebaut. Und zwar so, wie man es heute bewundern kann: Die mächtigen Türme an den Ecken des nahezu quadratischen Schlosses, die Brücke, die zum Rundbogentor mit der alten Laterne führt, die im Sommer bunt leuchtenden Rabatten im Schlosspark und das rot glühende Weinlaub im herbstlichen Schlosshof verbreiten eine märchenhafte Atmosphäre.

Im Wasserschloss kann man bei einer historischen Führung sogar einem Schlossgespenst begegnen.

Genuss-Tipp

Häusles – Vor dem Essen wird gekneippt!

Das Häusles liegt auf einem Bergrücken inmitten einer wunderschönen Naturlandschaft. Dieser Lage verdanken die Gäste einen traumhaften Ausblick zum Thüringer Wald und zum Frankenwald. Noch schöner erscheint vielen aber die Aussicht auf den gemütlichen Kachelofen in der Gaststube – und auf die fränkischen Braten, die hier an Sonn- und Feiertagen mit Klößen serviert werden. Und vor dem Essen können die Gäste sich sogar in der Kneipp-Anlage erfrischen!

Häusles
Häusles 3, 96268 Mitwitz
Tel. +49 (0)9266 413
www.haeusles.de

Mitwitz

Wer Lust auf Geschichte und keine allzu große Angst hat, schließt sich am Besten einer historischen Schlossführung an. Aber Achtung: Unter den historischen Persönlichkeiten, die den Besuchern auf dem Weg durch das Schloss begegnen, ist sogar ein Schlossgespenst. Nun gut, es handelt sich um Statisten – doch das tut dem Spaß keinen Abbruch, wenn im Rahmen der Führung kurze Anekdoten aufgeführt werden, die zur Zeit des Anschlusses von Franken an Bayern spielen – was für viele Franken ja bis heute kein einfaches Thema ist. Auch die letzte Herrschaft des Schlosses zeigt sich bei dieser Gelegenheit noch einmal.

Weil Hans Veit I. von Würtzburg als Generalissimus in Venedig fungierte, findet seit einigen Jahren an jedem Pfingstsamstag ein venezianischer Abend im Wasserschloss statt. Die Bedienungen sind dann im venezianischen Stil gewandet, das Buffet steht ganz im Zeichen Italiens und selbstverständlich findet auch eine Schlossführung statt. Livemusik verzaubert die Gäste, und der Innenhof wird besonders romantisch gestaltet. Apropos Romantik: Wer den Bund fürs Leben schließen möchte, kann in der Schlosskapelle mit Gottes Segen und im Weißen Saal mit dem Segen eines Standesbeamten sein Ja-Wort hauchen.

Wasserschloss Mitwitz, Markt Mitwitz, Coburger Straße 14, 96268 Mitwitz; Telefon: +49 9266 1876; Führungen: Mai bis Sept.: Sa: 14.30 Uhr, So: 11 und 14 Uhr; Okt. bis April: ausschließlich nach telefonischer Vereinbarung; www.mitwitz.de

---

Über Nacht

★★★ **Hotel-Gasthof Wasserschloss**
Ludwig-Freiherr-von-Würtzburg-Straße 14, 96268 Mitwitz
Tel.: +49 (0)9266 9670
kontakt@hotel-wasserschloss.de
www.hotel-wasserschloss.de
DZ ab 39 Euro

Pension Birkenhof
Birkenhof, Froschgrün 1
96268 Mitwitz-Neubau
Tel. +49 (0)9266 383
info@pension-birkenhof.de
www.pension-birkenhof.de
DZ ab 48 Euro

Touristeninformation

Rathaus
Coburger Straße 14, 96268 Mitwitz
Tel. +49 (0)9266 99060
Öffnungszeiten:
Mo–Fr: 8–12 Uhr; Mi: 13.30–18 Uhr
www.mitwitz.de

Stockheim

Haiger Landschlösschen – Das letzte Glückauf!

Als Bergwerksgemeinde konnte Stockheim auf eine über 400-jährige Tradition zurückblicken, als 1968 zum letzten Mal ein „Glückauf!" in der Grube St. Katharina zu hören war. Heute steht nur noch ein Verwaltungsgebäude und erinnert an die Zeit, in der Steinkohlenbergbau, Eisenbahn und die Champagnerflaschenproduktion der Firma Sigwart & Möhrle zum Wohlstand des lebendigen Ortes im Haßlachtal beitrugen. Der Knappenverein und die Bergmannskapelle halten die überlieferten Traditionen des alten Berufsstands der Bergleute aufrecht. Dabei hat 1782 selbst Geheimrat Johann Wolfgang von Goethe als Leiter einer fürstlichen Delegation die ersten Grubenanlagen in Stockheim besucht.

Das Haiger Landschlößchen konzipiert vom Barockbaumeister Balthasar Neumann.

Anmutiger erinnert das Landschlösschen zu Haig an vergangene Zeiten. Es war eine kleine Sensation, als im Mitwitzer Schloss die Pläne dieses von 1731 bis 1733 fertiggestellten Bauwerks entdeckt wurden. Die Pläne für das Schlösschen stammten nämlich vom Barockbaumeister Balthasar Neumann. Zwar wirken die gelungenen Proportionen des Baus vor allem im Winter bei Schnee und Eis besonders harmonisch, doch auch in der warmen Jahreszeit bildet das Schlösschen zu Haig mit seinem bezaubernden Garten ein wunderbares Ensemble. Leider ist es nur von außen zu besichtigen, aber das Sandsteingebäude ist ein wunderbares Fotomotiv.

Stockheim

*Landschlösschen Haig, Von-Cramer-Klett-Str. 4,
96342 Stockheim; Nur von außen zu besichtigen*

Südwestlich vom Zentrum Stockheims liegt das Dorf Burggrub, das zu Stockheim gehört und ebenso dicht an die deutsch-deutsche Grenze heranreichte, die auch „Eiserner Vorhang" genannt wurde. Dort wurde kurz nach Mauerfall und Wende die Grenz- und Friedenskapelle bei Burggrub als „Oase der Menschlichkeit" erbaut. Der Altar besteht aus Zaunteilen des Eisernen Vorhangs.

Wappen von Stockheim

Genuss-Tipp

Landgasthof Detsch: Alte Rassen, saftige Schnitzel

Der Landgasthof Detsch liegt nur einen Kilometer vom grünen Band, der ehemaligen deutsch-deutschen Grenze, entfernt. Alte Nutztierrassen wie die Angusrinder sieht der Gast auf dem Bauernhof des Gasthofs auf der freien Weide. Auch Schwäbisch-Hällische Schweine werden gehalten. Die artgerechte Haltung beschert den Tieren ein besseres Leben und dem Gast irgendwann saftige Schweineschnitzel und schöne Steaks vom Rind.

*Landgasthof Detsch
Coburger Straße 9, 96342 Haig/Stockheim
Tel. +49 (0)9261 62490
www.landgasthof-detsch-haig.de*

Über Nacht

*★★★★ Rebhan's Business- und Wellnesshotel
Ludwigsstädter Straße 95+97
96342 Stockheim
Tel.: +49 (0)9265 9556000
info@hotel-rebhan.de
www.hotel-rebhan.de
DZ ab 90 Euro*

Touristeninformation

*Rathausstraße 1
96342 Stockheim
Tel. +49 (0)9265 80700
Öffnungszeiten:
Mo–Fr: 8–11.45;
Mo, Di: 14–17 Uhr;
Do: 14–18 Uhr
www.stockheim-online.de*

Pressig-Rothenkirchen

Zwischen Burg und Bad

Wer die Bundesstraße 85 von Stockheim aus weiter in Richtung Norden fährt und nach rund acht Kilometern links nach Pressig-Rothenkirchen abzweigt, befindet sich inmitten einer oberfränkischen Idylle. Steigt man auf den Galgenberg hinauf, schweift der Blick über schiefergedeckte Häuser und die Pfarrkirche St. Bartholomäus mit ihrem hübschen Turm, die sich malerisch in die Landschaft schmiegen. Beim Wandern entdeckt man häufig Grenzsteine und andere Flurdenkmale, was den kundigen Wanderer nicht wundert, denn Pressig-Rothenkirchen hat bereits den 800. Jahrestag seiner ersten urkundlichen Erwähnung gefeiert und kann stolz darauf sein, dass man dem Ortsteil schon vor über 600 Jahren das Marktrecht zusprach. Im Mittelalter war der Ort außerdem Sitz der hohen und niederen Gerichtsbarkeit.

Martin-Luther-Kirche in Pressig

Das alles lässt auf eine stolze Vergangenheit schließen, für die wohl die Burg Rothenkirchen der beste Beweis ist. Man muss den Bögen der Burgstraße nicht lange folgen, um der Burg gegenüber zu stehen, von der heute nur noch ein Kellergeschoss und eine Batteriestellung erhalten sind. Zwar führt ein kurzer, schmaler Schotterweg zur Eingangstür mit dem Rundbogen,

093 Pressig-Rothenkirchen

doch normalerweise kann man die 1906 bis 1907 restaurierte Anlage nur von außen besichtigen. Nur auf Anfrage gestaltet der Ortsheimatpfleger auch Führungen durch das verwinkelte Kellergeschoss. Begründet wurden die Burg und auch die Kirche Rothenkirchen bereits 1187 von Bischof Otto II., doch schon Mitte des 14. Jahrhunderts wurde die Burg an Konrad von Würtzburg verkauft. Während des Bauernkriegs wurde sie im Jahr 1525 beschädigt und im Dreißigjährigen Krieg 1633 stark zerstört. Im Jahr 1667 schließlich verkaufte Hans-Veit von Würtzburg die Burg dann an das Hochstift Bamberg. Doch auch im Hier und Jetzt hat Pressig-Rothenkirchen seine Reize: Das einladende Naturerlebnisbad zum Beispiel ist bei Einheimischen und Gästen gleichermaßen beliebt. Aus einem Waldschwimmbad wurde hier ein Naturbad mit Liegewiese, Kinderspielplatz und Beach-Volleyball-Feldern geschaffen. Vor der traumhaften Kulisse bewaldeter Hügel kann nun jeder auf seine Art entspannen.

> **Über Nacht**
>
> *Gasthof „Waldfrieden"*
> *Frankenwaldstr. 9*
> *96332 Pressig*
> *Tel.: +49 (0)9268 482*
> *Gasthaus-Waldfrieden@gmx.de*
> *DZ ab 50 Euro*

Pressigs Naturerlebnisbad ist eine Oase der Entspannung.

Naturerlebenisbad, Badstraße 69, 96332 Pressig; Tel. +49 (0)9265 99012; Öffnungszeiten: Mitte Mai bis Anfang Sept.: 10–20 Uhr; www.neb-rothenkirchen.de

Steinbach am Wald Wehrkirche und Rennsteig

Steinbach am Wald liegt nicht nur an der Bier- und Burgenstraße, sondern auch an dem knapp 170 Kilometer langen und äußerst berühmten Höhenweg Rennsteig, der im Mittelalter die Landgrafschaft Thüringen vom Herzogtum Franken trennte. Heute wandern auf dem Rennsteig alljährlich rund 100.000 Wanderer. Diese stolze Zahl macht ihn zum meistbegangenen Weitwanderweg in Deutschland. Da ist es kein Wunder, dass auch rund um Steinbach am Wald Sport und Bewegung groß geschrieben werden: Neben dem Wandern machen Langlauf, Mountainbiken, Nordic Walking, Radeln, Skifahren und Snowkiten die Region zu einem Paradies für Aktivurlauber.

Wandern ist eine der liebsten Freizeitbeschäftigungen der Deutschen.

Eine ruhige Insel im Trubel des Alltags ist der Rennsteig-Park. Er liegt direkt am Rennsteig und lädt zu einer entspannenden Pause ein. Hier wachsen übrigens Pflanzen, deren Anbau im Frankenwald eine lange Tradition hat. Das Klima des rauen Mittelgebirges war – genau wie der Boden – für die Flora eine Herausforderung, und je weniger Ansprüche die Pflanzen an ihre Umgebung stellten, desto größer war die Chance,

095 Steinbach

dass man sie hier erfolgreich anbauen konnte. Die orangefarbenen Blüten der Färberdistel, die von Juni bis September blühende Färberkamille und der hierzulande hauptsächlich in Thüringen angebaute Färberwaid wurden hier kultiviert.

Der Kirche St. Johannes sieht man auf den ersten Blick an, welche Aufgabe sie in Steinbach am Wald zu erfüllen hatte. So mächtig, ja fast bullig, wie sie ihren Turm gen Himmel reckt, muss sie einfach eine Wehrkirche sein. Und richtig: Die Wehrkirche St. Johannes Baptista wirkt nicht nur trutzig, sie sollte einst den Menschen, die hier im Grenzgebiet in der Nähe des Rennsteigs lebten, Schutz bieten. Langhaus und Chor der Kirche wurden im Jahre 1500 erbaut. Auf das hölzerne Chorgewölbe und das Fenster in der Stirnwand musste die Gemeinde aber noch einmal hundert Jahre warten, und der Turmaufbau rundete erst im 17. Jahrhundert das Bild der Wehrkirche ab. Immer wieder wurde die Ausstattung der Kirche in den vergangenen Jahrhunderten ergänzt. Trotzdem war der Zustand des alten Gotteshauses schließlich so schlecht, dass es in den 1970er Jahren umfassend saniert werden musste.

Doch nicht nur die Wehrkirche zeigt in Steinbach am Wald himmelwärts, sondern auch der acht Meter hohe, gläserne Obelisk, der mitten in einem Kreisverkehr steht. Das Sinnbild der Glasindustrie, die hier traditionell eine wichtige Rolle spielt, wurde 2003 aufgestellt und sieht besonders nachts spektakulär aus, wenn es blau leuchtet. Nicht weit entfernt steht ein weiterer Obelisk: Er stammt aus dem Jahre 1850 und kennzeichnet die Wasserscheide zwischen Rhein und

Die Wehrkirche St. Johannes Baptista bot früher den Menschen Schutz.

Elbe. Wasser, das von hier gen Ludwigsstadt fließt, gelangt am Ende seines Weges in die Elbe. Fließt das Wasser jedoch in die Kronacher Richtung, wird es zu Rheinwasser.

Der Glasobelisk ist acht Meter hoch.

Ausflugtipp
Thüringischer Schieferpark Lehesten und Technisches Denkmal

Der Schieferbergbau hat in Thüringen eine jahrhundertealte Tradition. Immer wieder sieht man unterwegs hübsche Häuser mit Schieferfassaden und -dächern – wo könnte man sich also besser über den Schiefer informieren als in dieser Region? Und so lädt der Thüringische Schieferpark Lehesten rund sieben Kilometer nordöstlich von Steinbach am Wald zu einem kurzen Abstecher von der Bundesstraße B85 ein. Hier wurde schon seit dem 13. Jahrhundet Schiefer abgebaut. Und hier kann man seit 1993 auch das Technische Denkmal Historischer Schieferbergbau Lehesten besuchen, dessen Prunkstück die im 19. Jahrhundert errichtete Göpelschachtanlage ist. Beim Göpel handelte es sich übrigens um einen von Pferden in Gang gesetzten Antrieb. Die Pferde wurden im Kreis bewegt und erzeugten so die Antriebskraft für Maschinen.

Riesige Abraumhalden prägen die Landschaft. Die Funktionsgebäude im ehemaligen Schieferbetrieb wurden als stumme Zeitzeugen am ursprünglichen Ort erhalten. Im Rahmen der Führungen, die über Gewinnung, Förderung und Verarbeitung des blauen Schiefergesteins informieren, können die Besucher in der Doppelspalthütte das Spalten und Zuschneiden des Rohmaterials zu Dach- und Wandschiefer sogar selbst ausprobieren.

Steinbach

Im oberen Bereich des Schieferparks erwarten heute nicht nur ein Hotel, ein Restaurant und ein Jugendgästehaus die Besucher, sondern auch ein Pferdezentrum. Dort kann jeder Hobbyreiter seiner Passion nachgehen. In der Naturparkausstellung und im Steinegarten, in dem alle Gesteinsarten der Region gezeigt werden, kann man viel über die faszinierende Natur im Schieferpark erfahren. Die Rennsteig-Akademie richtet sich mit ihrem lehrreichen Angebot speziell an Jugendliche. Und weil im Winter die Wetzsteinloipe direkt bis zum Schieferpark führt, ist er auch für Langläufer ein willkommenes Ziel.

Im Naturschutzgebiet hat sich ein faszinierendes Flora-Fauna-Habitat entwickelt. Seit der Tagebau unter Wasser steht, kann man hier wunderbar um den inzwischen entstandenen Schiefersee spazieren und seinen Gedanken in der fast unberührten Natur freien Lauf lassen. Vor allem Birken haben sich rund um den See angesiedelt, Ringelnattern und Kreuzottern sind hier zu Hause. Und es gibt Moose und Flechten, die nur auf diesem besonderen Schieferboden gedeihen.

Schieferpark Tourismus GmbH u. Co. Thüringen KG,
Staatsbruch 1, 07349 Lehesten;
Tel. +49 (0)36653 26050/2605412;
Öffnungszeiten: März bis Okt.:
Di–Do: 10 und 13 Uhr; Fr: 10 Uhr;
Sa, So: 10.30 und 14 Uhr;
www.schieferpark.de
Technisches Denkmal Historischer Schieferbergbau Lehesten, Staatsbruch 1, 07349 Lehesten; Tel. +49 (0)36653 26270;
Führungen: März bis Okt.: Di–Do: 10 und 13 Uhr;
Fr: 10 Uhr; Sa, So: 10.30 und 14 Uhr;
www.schieferpark.de

Über Nacht

Pension Löffler
Amselweg 1
96361 Steinbach a. Wald
Tel. +49 (0) 9268 454
anfrage@pension-loeffler.de
www.pension-loeffler.de
DZ ab 34 Euro

Touristeninformation

Gemeinde Steinbach am Wald
Ludwigsstädter Str. 2
96361 Steinbach am Wald
Tel. +49 (0)9263 975112
www.steinbach-am-wald.de

Ludwigsstadt

Auch im Kalten Krieg gute Aussichten

Ludwigsstadt hatte zu Zeiten der deutsch-deutschen Grenze den Nachteil, nur rund vier Kilometer von der Landesgrenze nach Thüringen entfernt zu liegen. Die grenznahe Lage hat die Entwicklung vieler Orte gehemmt. Diesem Umstand hatte der oberfränkische Ort bis zur Wende aber auch den Grenzbahnhof zu verdanken, der die beiden deutschen Staaten ein wenig miteinander verband. Eben dieser Lage verdankt Ludwigsstadt seit 1963 auch die gut 26 Meter hohe Thüringer Warte auf dem Ratzenberg. Kaum 200 Meter von der innerdeutschen Grenze entfernt, zog die Thüringer Warte mit ihrer Aussichtsplattform viele Besucher an: Von hier konnten die freien Bürger der Bundesrepublik Deutschland weit in die Deutsche Demokratische Republik hinüber sehen. Über die innerdeutsche Grenze hinweg ging der Blick 200 Kilometer weit gen Osten. Bei gutem Wetter kann man von hier aus Weimar und auch den mahnenden Glockenturm im ehemaligen Konzentrationslager Buchenwald erkennen.

Ein Ausflug zur Thüringer Warte ist auch heute noch interessant. Die Aussicht auf das grüne Band, das heute statt der Grenze zu sehen ist, fasziniert zwar nicht im gleichen Maße wie der Blick über die einstige Grenze, ist aber sehr schön. Aufschlussreicher ist die Dauerausstellung, in der sich Besucher über die innerdeutsche Grenze und das Leben im geteilten Deutschland informieren können. Vom Bau der Grenze bis zur Grenzöff-

Die Marienkapelle ist hübsch anzusehen, dient aber keinen religiösen Zwecken mehr.

nung wird die Geschichte hier mit vielen Fotos und Informationen begleitet.

Weil Ludwigsstadt inmitten des thüringisch-fränkischen Schiefergebirges liegt, drehte sich das Leben der Menschen lange um den Abbau und die Weiterverarbeitung dieses Gesteins. Auch den Häusern sieht man diese Tradition an: Die Dächer sind mit dunkelblauem Schiefer gedeckt, und auch so manche Fassade ist mit Schiefer verkleidet. Selbstverständlich gibt es hier auch ein Schiefermuseum, in dem der Abbau und die Weiterverarbeitung des Gesteins erklärt wird. Besonders interessant ist dabei die Herstellung der Schiefertafeln, die in vieler Herren Länder exportiert und von Millionen Schulkindern benutzt wurden. Wer mag, setzt sich auf eine der historischen Schulbänke und probiert aus, wie sich das Schreiben auf einer Schiefertafel anfühlt. Das Schiefermuseum liegt übrigens direkt an der Bundesstraße B85 – also an der Bier- und Burgenstraße. Und auch das durch den Schieferabbau entstandene Geotop ist faszinierend: Im Schallerbruch, einem alten Schieferbruch am Trogenbach, sind steile Schrämwände zu sehen, die den Wanderern die Erdgeschichte aus interessanter Perspektive präsentieren. Die Schrämwände entstanden, als der Schiefer noch mit Hammer und Meißel abgebaut wurde.

Schiefermuseum Ludwigsstadt, Hermann Söllner Stiftung, Lauensteiner Straße 44, 96337 Ludwigsstadt; Tel. +49 (0) 9263 974541; Öffnungszeiten: Di–So: 13–17 Uhr; Führungen auch nach Vereinbarung; www.schiefermuseum.de

Ludwigsstadt ist ein äußerst vielseitiger Ort. Für Familien mit Kindern ist zum Beispiel der Märchenpfad besonders interessant, der vom Fuße der Burg Lauenstein um den Ortsteil Lauenstein herumführt und an 14 Stationen weitgehend unbekannte Märchen und Sagen vorstellt. Auf Burg Lauenstein sowie im Schiefermuseum erhalten Besucher die Texte der Märchen, so dass man auch den Abend daheim märchenhaft gestalten

Das Schiefermuseum informiert seine Besucher über die Faszination des natürlichen Werkstoffs.

kann. Auf ganz andere Art märchenhaft ist auch der Ortsteil Steinbach an der Haide, denn dort dreht sich alles um einen hinreißenden Dorfgarten: Das Pflanzbeet ersetzt hier mühelos den Dorfplatz und hat sogar geholfen, dem Runddorf im Rahmen des Wettbewerbs „Unser Dorf hat Zukunft" zweimal Gold und einmal Silber einzubringen. Gerade im Frühjahr und Sommer sollte man sich diesen prachtvollen Zier- und Nutzgarten unbedingt ansehen und dabei den Fotoapparat nicht vergessen! Das Gleiche gilt für einen Besuch beim Trogenbachviadukt, das zu jeder Jahreszeit und im Wortsinn ein Höhepunkt ist. Das Eisenbahnviadukt ist nämlich nicht nur 200 Meter lang, sondern auch bis zu 26 Meter hoch.

Ausflugstipp
Burg Lauenstein – Eine Burg und ihre Sagen
Nordwestlich von Ludwigsstadt wartet mit Burg Lauenstein eine der interessantesten oberfränkischen Burgen darauf, ihre Gäste zu verzaubern. Die Burg besteht aus dem älteren Orlamünde-Bau, dessen Ursprünge wohl im 12. Jahrhundert liegen, und dem Thüna-Bau aus dem 16. Jahrhundert. Überquert man die kurze Brücke über den Burggraben, um durch das Burgtor den romantischen Burghof zu betreten, hat man die Gegenwart fast verlassen: Der Charme der Burg ist von unwiderstehlicher Magie. Vermutlich erlag auch Ehrhard Meßmer diesem Charme, denn er kaufte

101 Ludwigsstadt

die damals verwahrloste Burg im Jahre 1896 und stattete sie nach seinen persönlichen Vorstellungen aus. Zu seiner Zeit machte man sich noch nicht allzu viele Gedanken über Denkmalschutz, und der neue Besitzer konnte – was heute undenkbar wäre – mit der historischen Burg tun und lassen, was ihm beliebte.

Das Leben der Bauern, die altfränkischen Rittersleut und die Musik faszinierten Meßmer. Das schlug sich in seiner Sammelleidenschaft nieder: Bäuerliche Gerätschaften, Waffen und Musikinstrumente wurden auf Burg Lauenstein gehegt und gepflegt. Auch Lampen, schmiedeeiserne Gegenstände, Rüstungen und alte Möbel sammelte Meßmer. Es gibt eine fränkische Bauernstube mit Möbeln aus dem 17. und 18. Jahrhundert, in der man sieht, wie die einfacheren Leute lebten.

Meßmer stattete die Burg im Zeichen des späten Historismus aus und renovierte sie nach seinen eigenen Vorstellungen. Sein großes Vorbild war die Wartburg bei Eisenach. Das beste Beispiel hierfür ist der herrliche Orlamünde-Saal: Um 1900 wurde der Saal von dem Nürnberger Maler Georg Kellner neu gestaltet. Angelehnt an spätmittelalterliche Vorbilder entstanden auf

Burg Lauenstein wirkt wie für ein Bilderbuch gemalt.

blauem Grund wunderbare Ranken, die auch heute bewundernde Blicke auf sich ziehen.

An die Entstehung der Burg knüpft sich übrigens die Sage von der Mantelburg. Nachdem der fränkische König Konrad die Sorben besiegt hatte, ließ er seine Feinde auf dem Schwarzberg eine Burg erbauen. Doch was die Sorben auch immer errichteten – in der Nacht zerstörte der Teufel ihr Tagwerk. Nichts konnte ihn daran hindern – bis ein Eremit dem König einen wirkungsvollen Rat gab: Er solle am Ort der Zerstörung seinen Mantel zerreißen und aus dessen Überresten ein Seil herstellen. Das Seil solle er um einen einsamen Gipfel legen und dort seine Burg bauen. Der König Konrad folgte dem Rat des Eremiten und konnte endlich seine Burg errichten, die von den Menschen dann Mantelburg genannt wurde.

Und noch eine Sage ist auf das Engste mit Burg Lauenstein verknüpft. Es ist die Sage von der Weißen Frau, die dem Reisenden auch schon auf der Plassenburg begegnete, wo sie ihre beiden kleinen Kinder umgebracht haben soll, weil sie nach dem Tode ihres Gatten vermeintlich einer neuen Ehe im Wege standen. In der Einsamkeit von Burg Lauenstein soll die Weiße Frau aufgewachsen sein. Zwar handelt es sich bei dieser

---

Genuss-Tipp

Verwöhnkultur im Posthotel Lauenstein

Von der sommerlichen Sonnenterrasse gleitet der Blick über grüne Wälder. Im lauschigen Kaminzimmer brennt im Winter das knisternde Kaminfeuer. Der Chef des Hauses verwöhnt seine Gäste mit fränkisch-thüringischer Küche und auch gern mit einem frisch gezapften Bier. Gekocht wird am liebsten mit saisonalen Produkten.

Posthotel Lauenstein
Orlamünderstraße 2, 96337 Ludwigsstadt
Tel. +49 (0)9263 99130
www.posthotel-lauenstein.de

Version der Sage nicht um die Plassenburger Kunigunde, sondern um Katharina von Orlamünde – aber ansonsten stimmen die Sagen nahezu überein. Und so grausam der Kindermord in der Sage auch war: Am Köchinnengrab in der Nähe der Burg Lauenstein berichtet eine Tafel, dass hier im 16. Jahrhundert eine Köchin der Burg wegen Kindermordes gepfählt und bestattet worden sei. So berichtet es zumindest die Überlieferung.

Bei einer dritten Sage, die mit der Burg verbunden ist, spielt Bier eine wichtige Rolle. Demnach soll sich im Berg Falkenstein ein großer Schatz verbergen. Nur einem Sonntagskind, das am ersten Mittwoch nach Neujahr um Mitternacht – nach dem Genuss von 13 Maß Falkensteiner Bier, aber ohne zu schwanken – den Falkenstein besteigt, soll sich der Berg öffnen und seinen Schatz preisgeben. Auch dem, der lieber auf die 13 Maß Bier verzichtet und die Landschaft wandernd erkundet, werden sich neue Perspektiven eröffnen. Zum Beispiel der herrliche Blick auf Burg Lauenstein, den man vom Parkplatz der Thüringer Warte aus genießt. Von hier aus kann man zu jeder Jahreszeit in einer wunderschönen Landschaft wandern. Doch im Herbst, wenn das Laub bunt wird und die Nächte in gespenstischen Nebel gehüllt sind, wirken die unheimlichen Sagen und Geschichten dieser Landschaft natürlich besonders eindringlich.

Burg Lauenstein,
Burgstraße 3, 96337 Ludwigsstadt;
Tel. +49 (0)9263 400;
Öffnungszeiten:
April bis Sept.: 9–18 Uhr;
Okt. bis März: 10–16 Uhr;
www.schloesser.bayern.de

Über Nacht

Gasthaus Goldner Löwe
Lauenstein
Markgrafenweg 1
96337 Ludwigsstadt
Tel. +49 (0)9263 250
info@goldner-loewe.net
www.goldner-loewe.net
DZ ab 48 Euro

Touristeninformation

Lauensteiner Straße 44
96337 Ludwigsstadt
Tel. +49 (0)9263 974541
Öffnungszeiten:
Di–So: 13–17 Uhr
www.rennsteigregion-im-frankenwald.de

Gräfenthal

Von der Kleinkinderbewahranstalt zum Museum

Gräfenthal ist der erste Thüringer Ort an der Bier- und Burgenstraße, wenn man von Passau nach Bad Frankenhausen reist. Die Stadt lag auf östlicher Seite nahe der deutsch-deutschen Grenze und damit im Sperrgebiet. So wundert es nicht, dass es in Gräfenthal nicht nur ein einfaches Heimatmuseum gibt, sondern das Grenz- und Heimatmuseum Georg-Stift. Selbstverständlich gibt es viel Historisches rund um den Ort und um Schloss Wespenstein zu sehen. Immerhin kann Gräfenthal auf weit über 600 Jahre Geschichte zurückblicken, wurde es doch bereits 1337 in einem Erbvertrag erwähnt. Im Museum kann man sich wunderbar in die bürgerliche Kleinstadtwelt von vor hundert Jahren hineinträumen. Und in einer Schneiderwerkstatt wurde die Arbeitswelt vergangener Tage nachgestellt. Doch die Themen Grenze und Sperrgebiet sind vermutlich die faszinierendsten. So ist hier ein Arbeitsplatz der Deutschen Volkspolizei zu sehen. Eine

Stadtkirche St. Marien und alte Schule in trauter Zweisamkeit

105 Gräfenthal

Uniformjacke hängt über der Stuhllehne, als würde ihr Besitzer jeden Moment den Raum betreten, und die große, schwarze Schreibmaschine scheint förmlich auf die nächste Zeugenaussage zu warten.

Grenz- und Heimatmuseum, Obere Coburger Straße 15, 98743 Gräfenthal; Tel. +49 (0)36703 70675; Öffnungszeiten: Mo–Do: 12–16 Uhr; Fr: 11–15 Uhr; Sa, So, Feiertage: 14–16.30 Uhr; www.grenz-und-heimatmuseum-graefenthal.de

Wenn man sich dann irgendwann von den Exponaten des Museums losreißen mag, sollte man sich beim Abschied noch einmal umdrehen und das wirklich hübsche Georg-Stift ansehen, in dem das Museum untergebracht ist. Schon 1889 wurde in Gräfenthal eine „Kleinkinderbewahranstalt" eingerichtet. Nachdem die vorherigen Gebäude angesichts des großen Zuspruchs der Familien wiederholt zu klein geworden waren, finanzierte der Landesherr Herzog Georg II. von Sachsen-Meiningen den Bau der neuen Anstalt, die ihm zum Dank Georg-Stift genannt wurde. Am 9. Dezember 1893 konnte die Leiterin der Bewahranstalt, Fräulein Marie Sprenger, den Schlüssel entgegennehmen. Von nun an standen in dem schmucken Haus für rund hundert Jahre die Kinder im Mittelpunkt – zuletzt in einem Schulhort.

Gräfenthals mächtiges Stadtviadukt ist ein beliebtes Fotomotiv.

Des Sehens und des Fotografierens wert sind auch die Stadtkirche St. Marien, die Alte Schule mit ihrem wunderschönen Fachwerk, das Rathaus samt Marktbrunnen, das mächtige Eisenbahnviadukt und der Stadtpark. Den Marktbrunnen sollte man sich dabei ruhig genauer anschauen. Ihn zieren vier Figuren, die die Geschichte des Ortes symbolisieren. Da ist zunächst der Ritter, der hier die Grafen von Orlamünde vertritt, die die Stadt wohl begründeten, indem sie ihr das Stadtrecht verliehen. Der Fuhrmann steht für die ortsansässigen Fuhrleute, die an der Heer- und Handelsstraße den reisenden Fuhrleuten halfen, die Berge zu überwinden. Das Ackerbürgerstädtchen wird von der Bauersfrau repräsentiert, die ihre Waren auch gleich auf dem Markt feilhält. Und schließlich ist da noch der Porzelliner – Sinnbild der Porzellanfabrikation.

Ausflugstipp
Schloss Wespenstein – Schandgeigen, Fußfesseln und Keuschheitsgürtel

Schloss Wespenstein ist ein Idyll. Es sieht exakt so aus, wie sich wohl viele Kinder eine alte Ritterburg vorstellen. Das Schloss liegt am Rande von Gräfenthal, ist wunderschön von Bäumen umgeben und wirkt ungemein romantisch. Dass die einzelnen Bereiche des Schlosskomplexes in einem recht unterschiedlichen Erhaltungszustand sind, merkt man erst, wenn man genauer hinsieht. Aber es wurde schon viel getan. So ist die Schlosskapelle, in der Martin Luther 1530 predigte, schon fertig restauriert.

Erbaut wurde Schloss Wespenstein 1250. Von 1621 bis 1953 hatte hier das Amtsgericht seinen Sitz. Die Wohnung des Amtsrichters wurde bereits mit alten Möbeln wiederhergestellt. Ganz wichtig ist natürlich die Folterkammer, die ein Teil des Gerichts war und im Rahmen

Schloss Wespenstein liegt sehr romantisch.

der Schlossbesichtigung besucht werden kann. Dort sind Fußfesseln, Keuschheitsgürtel und Schandgeigen zu sehen, mit denen die Delinquenten am Hals und an den Händen gefesselt wurden. Auch eine große Küche erinnert an die Vergangenheit: Eine Ausstellung in der Schwarzküche, zeigt, was die Menschen früher aßen. Man fand hier viele Knochen und eine Menge Scherben, die liebevoll wieder zu Gefäßen zusammengesetzt wurden. Auf dem Dachboden wurde eine Ausgabe der „Bayreuther Nachrichten" aus dem Jahre 1785 entdeckt. Auch archäologische Ausgrabungen werden noch durchgeführt, wobei nach vorheriger Absprache sogar Besucher des Ortes mitmachen dürfen. Die Fundstücke werden im Museum ausgestellt. Gerade für Familien mit Kindern ist Schloss Wespenstein ein unvergessliches Reiseziel. Beim Ritteressen – und auch beim Fuhrmannsessen oder beim Burgherrenmahl – lernen die Kinder mittelalterliche Tischsitten kennen: Gegessen wird ohne Messer und ohne Gabel! Die Eltern dürfen währenddessen im Thüringer Wald spazieren gehen. Zwischendurch wird gespielt – Hufeisenwerfen zum Beispiel. Die anschließende Schlossführung ist auf die Bedürfnisse von vier- bis zwölfjährigen Kindern abgestimmt. Nach so vielen tollen Erlebnissen kann nur noch eine Fahrt mit einer Fahrraddraisine für Aufsehen sorgen. Auf 18 Kilometern geht es drei Stunden lang durch die Landschaft des thüringischen Mittelgebirges. Zwei große Brücken belohnen die Draisinenfahrer dabei mit wunderschönen Aussichten.
Schloss Wespenstein Stiftung Schloßberg 1, 98743 Gräfenthal; Tel. +49 (0)176 96532338; Öffnungszeiten: Sa, So: 11 und 15 Uhr sowie nach Vereinbarung; www.schloss-wespenstein.de

Über Nacht

★ ★ ★ *Hotel-Gasthaus Steiger*
Gebersdorf Nr. 70
98743 Gräfenthal/Gebersdorf
Tel. +49 (0)36703 82890
hotel-steiger@t-online.de
www.hotel-steiger.de
DZ ab 61 Euro

Touristeninformation

Weitere Informationen zu Gräfenthal auf www.graefenthal.de

Probstzella

Grenzbahnhof und Haus des Volkes

Für die meisten DDR-Bürger endeten ihre Wege in Richtung Westen an der innerdeutschen Grenze. Wer das Land verlassen durfte – oder musste –, überquerte die Grenze häufig am Grenzbahnhof Probstzella. Auch wer für einen Verwandtenbesuch aus dem Süden der Bundesrepublik Deutschland mit der Bahn in die DDR einreisen durfte, musste die nicht immer angenehmen Grenzkontrollen oft in Probstzella hinter sich bringen. Und eines hatten die meisten der rund 20 Millionen Reisenden gemein, die die Grenzübergangsstelle zwischen 1949 und 1990 passierten: Viele Reisen waren mit großen Gefühlen verbunden. Tränenpalast wurde der Grenzübergang daher auch genannt. Da wundert es nicht, dass es in Probstzella inzwischen ein

„Thüringer Warte" in der Nähe von Probstzella.

DDR-Grenzbahnhof-Museum gibt. Alte Pässe, Fotos, Uniformen, das originalgetreu nachempfundene Büro des Bahnhofskommandanten, ein Bildnis von Erich Honecker und ein Bundesbahnabteil aus den 1980er Jahren – viele Details werden bei älteren Besuchern längst verarbeitet geglaubte Emotionen wecken und bei den jüngeren für großes Staunen sorgen.
DDR-Grenzbahnhof-Museum, Markt 8, 07330 Probstzella; Tel. +49 (0)36735 4610/73850;
Öffnungszeiten: So: 14–16 Uhr sowie nach Vereinbarung;
www.grenzbahnhof-museum.de

Das Haus des Volkes fällt schon wegen seiner Dimensionen aus dem Rahmen.

Ganz in der Nähe des Bahnhofs steht das Haus des Volkes. Name und Bestimmung des Hauses erinnern an die Volkshausbewegung, die Anfang des 20. Jahrhunderts auch in Deutschland Fuß fassen konnte. Schon durch seine Größe wirkt das Gebäude in dem kleinen Ort Probstzella äußerst markant. In den Jahren 1925 bis 1927 wurde es unter der Regie von Architekt Alfred Arndt erbaut und von Dessauer Bauhaus-Künstlern ausgestattet. Das Haus des Volkes ist ein wertvolles Zeugnis seiner Zeit und zudem das größte

Die Kirche St. Lorenz hat einen barocken Kanzelaltar.

Genuss-Tipp

Abstecher zur Garküche in Leutenberg

Macht man auf dem Weg von Probstzella nach Hohenwarte einen kurzen Abstecher, wird in der Garküche in Leutenberg auch der Hunger nach Geschichte gestillt – seit mehr als 350 Jahren hat hier Familie Schmidt allen historischen Umbrüchen zum Trotze nie den Kochlöffel aus der Hand gelegt. Heute wird der Gast mit liebevoll zubereiteten Speisen aus frischen Zutaten der Region verwöhnt: Kaninchenbraten vom Biobauern oder gebackene Regenbogenforelle, dazu ein frisch Gezapftes, und die Seele ist wieder im Gleichgewicht.

Hotel & Gasthof Garküche
Hauptstraße 29, 07338 Leutenberg
Tel. +49 (0)36734 28102
www.garkueche.de

111 Probstzella

thüringische Bauhaus-Ensemble. Inzwischen zieht es als Bauhaus-Hotel und -Restaurant nicht nur Bauhaus-Liebhaber an, sondern auch Wanderer, die das Thüringer Schiefergebirge oder das Grüne Band erkunden möchten. Eine Ausstellung über das Grüne Band können die Wanderer sich vor oder nach ihrer Wanderung im Haus des Volkes ansehen. Auch eine Informationsstelle zum Naturpark Thüringer Schiefergebirge gibt es hier.

Probstzella zeigt sich von seiner idyllischen Seite.

Touristeninformation

Markt 8
07330 Probstzella
Tel. +49 (0)36735 4610
Öffnungszeiten:
Di, Do: 9–12/14–18 Uhr;
Fr: 9–11 Uhr
www.probstzella.de

Über Nacht

★★★ *Bauhaushotel*
Haus des Volkes
Bahnhofstraße 25
07330 Probstzella
Tel. +49 (0)36735 46057
hdv@probstzella.de
www.probstzella.de
DZ ab 69 Euro

★★★ *Schloßhotel Eyba*
Eyba 23, 07422 Saalfelder Höhe
Tel. +49 (0)36736 340
info@schlosshotel-eyba.de
www.schlosshotel-eyba.de
DZ ab 89 Euro

Hohenwarte Fahrgastschifffahrt am Thüringer Meer

Wer durch Thüringen reist, sollte auf keinen Fall einen Besuch am „Thüringer Meer" versäumen. Zugegeben, eigentlich handelt es sich dabei um die Talsperre Hohenwarte – doch die ist wirklich eine besondere Attraktion. Sie ist Teil der Saalekaskade, die neben dieser noch aus vier weiteren Talsperren besteht: der Bleilochtalsperre, der Talsperre Burgkhammer, der Talsperre Walsburg und der Talsperre Eicht. Die Talsperren wurden in den 1930er- und 40er Jahren gebaut und bringen es insgesamt auf eine Länge von knapp 80 Kilometern. Heute sind die Stauseen ein traumhaftes Naherholungsgebiet, das man am besten von einem der Fahrgastschiffe aus entdeckt. Je nachdem, auf welchem Schiff man fährt, können bei Sonnenschein die Fenster und Türen herausgenommen werden.

Und der Ausblick lohnt sich unbedingt. An manchen Stellen ragt die Küste von der Wasseroberfläche aus beeindruckende 260 Meter steil nach oben. Die Rundfahrten dauern normalerweise eine bis anderthalb Stunden, es sind aber auch Fahrten von bis zu fünf

Am Thüringer Meer erwartet die Reisenden eine malerische Landschaft.

Stunden möglich. Im Rahmen des Fahrplans kann man unterwegs aussteigen, wandern gehen und den Blick vom Land aus über das je nach Wetterlage in anderen Farben schillernde Wasser schweifen lassen. Bei schönem Wetter glänzt es blau, bei niedrigen Temperaturen hingegen scheint das Wasser eine bräunliche Färbung anzunehmen – schließlich liegt die Talsperre Hohenwarte ja auch mitten im Schiefergebirge. An anderer Stelle kann man dann wieder an Bord gehen.

Über einem guten Bier, Sekt oder Selters bzw. einer Tasse Kaffee und dem viel gelobten Kuchen gleitet das Auge über die Kiefern, Fichten, Tannen und Lärchen am Ufer, entdeckt idyllische Campingplätze und vielleicht auch ein paar der Wasserskifahrer, die hier trainieren und zur Freude der Fahrgäste ab und zu eine kleine Showeinlage liefern. Hier trainieren übrigens auch deutsche Meister.

Eine ganz andere Show ist es, wenn der Stausee einmal im Jahr – normalerweise an einem Sommerwochenende – in Flammen steht. Dann nämlich sorgt ein fulminantes Feuerwerk für viele Aaaahs und Oooohs. Und selbst wer diesen Termin verpasst, darf sich noch auf die Mondscheinfahrten freuen, bei denen es dann ein etwas kleineres Feuerwerk zu sehen gibt. Am besten genießt man das Spektakel dann bei einem feinen Dinner an Deck der Fahrgastschiffe.

Fahrgastschiffahrt Hohenwarte GmbH, – auch Stausee in Flammen –, An der Sperrmauer, 07338 Hohenwarte; Tel. +49 (0)36733 21528; Rollstuhlzugang zum Schiff vorhanden. Fahrradmitnahme nicht möglich.
Öffnungszeiten: 31. März–27. April und 1. Sept.–14. Okt. Rundfahrt 1 Stunde: Mo–Fr: 13.45 Uhr; Sa, So, Feiertage: 9.30, 12.30, 13.45, 16.45 Uhr; Rundfahrt 1,5 Stunden: Mo–Fr: 11.30, 15 Uhr; Sa, So, Feiertage: 10.45, 15 Uhr; 28. April–31. Aug. Rundfahrt 1 Stunde: Sa, So, Feiertage: 9.30 Uhr; täglich 12.30, 13.45, 16.45 Uhr; Rundfahrt 1,5 Stunden: täglich 10.45, 15 Uhr; www.fahrgastschiffahrt-hohenwarte.de

Saalfeld/Saale — Die Stadt mit der Hutschachtel

Nach dem Ausflug zum Thüringer Meer liegt nun Saalfeld an der Saale am Verlauf der Strecke der Bier- und Burgenstraße. Keine Frage, neben einem Besuch im Bürgerlichen Brauhaus können sich wissbegierige Wanderer auch hier auf Spurensuche in die Welt der Burgen begeben. Finden werden sie die Burgruine Hoher Schwarm, ein Wahrzeichen der Stadt. Die Ruine reckt der weiter östlich verlaufenden Saale ihre aus der Ferne fast intakt wirkende Fassade entgegen. Doch je nach Wetter und Sonnenstand ist hinter den Fensteröffnungen der Burgruine nur mehr oder weniger blauer Himmel zu sehen. Eindrucksvoll und ein

Durch die Fensteröffnungen der Burgruine Hoher Schwarm grüßt der Himmel.

115 Saalfeld/Saale

beliebtes Fotomotiv ist das Szenario dennoch. Genau wie die vier Stadttore, mit denen die "Steinerne Chronik Thüringens" – ein Beiname Saalfelds – bis heute glänzen kann. Das Blankenburger Tor mit seiner im 18. Jahrhundert hinzugefügten Barockhaube flankiert den nördlichen Eingang zur Altstadt. Es kann zwar nicht betreten werden, gibt aber mit seinem knuffigen Zwiebelturm ein hübsches Fotomotiv ab. Das mittelalterliche Darrtor hingegen können die Gäste der Stadt als Aussichtsturm nutzen. Dann gibt es noch das nach Osten weisende Saaltor und das Obere Tor im Süden. Es ist unbedingt lohnend, die Altstadt entlang der zu einem großen Teil erhaltenen Stadtmauer zu umwandern.

Burgruine Hoher Schwarm, Schwarmgasse, 07318 Saalfeld; Öffnungszeiten: April bis Okt.: Mo–So: 9–18 Uhr; Nov. bis März: Mo–So: 9–17 Uhr; www.saalfeld-tourismus.de

Aber auch der Marktplatz, die spätgotische Johanneskirche mit ihren spitz aufragenden Türmen, die Hof- und Marktapotheke aus dem Jahr 1180, das als Landratsamt genutzte und kontrastfarben akzentuierte

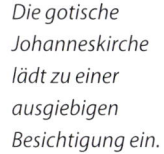

Die gotische Johanneskirche lädt zu einer ausgiebigen Besichtigung ein.

Das Saalfelder Rathaus drückt bürgerliches Selbstwertgefühl aus.

Der Schlosspark bildet ein herrliches Ambiente für das Residenzschloss.

herzogliche Residenzschloss, das Schlösschen Kitzerstein, das Hiltmannsche Haus mit seinem Renaissance-Erker, das Höhn'sche Haus und natürlich das Renaissance-Rathaus – übrigens ein Frühwerk sächsisch-thüringischer Baukunst – laden zu einem ausgiebigen Stadtbummel ein. Keinesfalls darf man das ehemalige Amtsgefängnis „Hutschachtel" im Rathausinnenhof ignorieren. Das runde Gebäude wurde in den 1850er Jahren als Fronfeste gebaut und dann von den unterschiedlichen deutschen Staaten als Gefängnis genutzt. Viel Unglück verbindet sich mit den alten Mauern, die seit den 1970er Jahren das städtische Verwaltungsarchiv beherbergen. Seit 2000 gibt es hier auch eine Gedenkzelle, die man in Absprache mit der Stadtverwaltung besichtigen kann. Das Saalfelder Stadtmuseum ist im ehemaligen Saalfelder Franziskanerkloster untergebracht. Von der Steinzeit bis zum 20. Jahrhundert wird hier die Stadt- und Regionalgeschichte präsentiert.

Stadtmuseum Saalfeld im Franziskanerkloster, Münzplatz 5, 07318 Saalfeld; Tel. +49 (0)3671 598471; Öffnungszeiten: Di–So: 10–17 Uhr;
www.museumimkloster.de

Ausflugstipp
Saalfelder Feengrotten – Einfach bezaubernd

Wer auf der Bier- und Burgenstraße einmal etwas ganz anderes zu Gesicht bekommen möchte, der hat mit Saalfeld genau den richtigen Ort erreicht, denn hier lädt die Erlebniswelt Saalfelder Feengrotten zum Besuch ein. Faszinierende Grotten, in denen von 1530 bis 1850 Alaunschiefer abgebaut wurde, locken unter die Erde. Die Tropfsteine schimmern in ungeahnten Farbnuancen und erinnern die Besucher mit ihrer Form an langes, seidiges Feenhaar – was den Grotten auch den Namen „Feengrotten" eintrug. Auf drei Ebenen erfahren die Besucher heute alles über den Bergbau und die Menschen, die früher dort gearbeitet haben. Besonders spannend ist das Grottoneum: Am besten nimmt man einen Entdeckerplan zur Hand und schaut sich in diesem Mitmach-Museum genau um. Gerade Kinder entdecken immer wieder Neues und finden das Grottoneum so aufregend, dass manche sogar ihren Kindergeburtstag hier feiern und am Molekültisch ihre eigenen Mineralien wachsen lassen.

Die Tropfsteine in den Feengrotten schimmern in vielfältigen Farbnuancen.

Wer sich schon immer in das Reich der Feen entführen lassen wollte, dem wird das Feenweltchen gut gefallen. Ob im Garten der Feenpflanzen, im Reich der Waldgeister oder auf dem Hain der Lichtelfen, hier kann man gemeinsam mit den Bewohnern dieser wunderbaren Welt seine Neugierde in der Wissensecke stillen und seinen Eindrücken in der Bastelecke kreativ Ausdruck verleihen. Von dem Zauber der Fantasiereise durch diese Welt lässt sich auch jeder Erwachsene gern vereinnahmen.

Genuss-Tipp

Ritterschlag und Schwarzbierbraten

Am Hohen Schwarm – direkt neben der Burgruine – liegt das Hotel gleichen Namens. Im urigen Gemäuer kann den Ritterschlag empfangen, wer von untadeligem Ruf ist. Das ist ein tolles Geschenk für Jubilare, denen ihre Lieben mit dieser exklusiven Zeremonie eine besondere Freude machen möchten. Danach werden der Schwarzbierbraten und im Sommer die marinierten Schweinenackensteaks vom Holzkohlegrill zum Rittermahl gereicht. Dazu passt ein frisch Gezapftes aus der heimischen Brauerei. Selbstverständlich werden nicht nur frisch geschlagene Ritter, sondern auch Menschen wie Du und Ich verköstigt.

Hotel Restaurant am Hohen Schwarm
Schwarmgasse 18, 07318 Saalfeld
Tel. +49 (0)3671 2884
www.schwarmhotel.de

Über Nacht

★★★ *Hotel Anker Saalfeld*
Am Markt 25/26, 07318 Saalfeld
Tel. +49 (0) 3671 5990
info@hotel-anker-saalfeld.de
www.hotel-anker-saalfeld.de
DZ ab 86 Euro

Hotel Weltrich
Saalstraße 44, 07318 Saalfeld
Tel. +49 (0)3671 2732
hotel_weltrich@yahoo.de
www.hotelweltrich-thueringen.de
DZ ab 65 Euro

Seiner Gesundheit kann man in den Feengrotten ebenfalls Gutes tun. Zu Beginn der 1930er Jahre entdeckte man im Rahmen wissenschaftlicher Untersuchungen die gesundheitsfördernde Wirkung der reinen Luft in den Grotten. Seit 1937 wurden die Stollen als Heilstätten genutzt. Vor allem Asthmatikern und Allergikern wird der Aufenthalt in der Höhle empfohlen.
Saalfelder Feengrotten und Tourismus GmbH, Feengrottenweg 2, 07318 Saalfeld/Saale;

Tel. +49 (0)3671 55040; Öffnungszeiten: Mai bis Okt.: täglich 9.30–17 Uhr; Nov. bis April: tägl. 10.30–15.30 Uhr; Jan.: Sa, So: 10.30–15.30 Uhr; www.feengrotten.de

Bürgerliches Brauhaus Saalfeld – Stolz auf ein uriges Märzen

Die Saalfelder Brauer können auf eine lange Tradition zurückblicken. 1892 von einem Kaufmann aus Nürnberg gegründet, war es die vierte Brauerei in der Stadt. Bis 1918 hatte sich das Feld der Konkurrenten dann gelichtet und das Bürgerliche Brauhaus war von da an das einzige Brauhaus in Saalfeld. Im zweiten Weltkrieg wurde die Brauerei so stark bombardiert, dass die Produktion erst wieder 1946 aufgenommen wurde. Auch die eigene Wirtschaftsgeschichte war wechselvoll: Bis in die 1920er Jahre war das Unternehmen eine GmbH, danach gehörte es als Aktiengesellschaft zum Riebeck-Konzern. In der DDR wurde der Betrieb verstaatlicht, nach dem Fall der Mauer dann zum Treuhandbetrieb, und inzwischen kehrte er als GmbH wieder zu seinen Wurzeln zurück.

Worauf die Brauer aber wirklich stolz sind, das ist ihr Bier. Als kleine regionale Brauerei im Ostthüringer Raum verkauft das Bürgerliche Brauhaus seine Biere hauptsächlich in der Region. Das bernsteinfarbene Ur-Saalfelder wurde wiederholt mit dem „European Beer Star" als bestes Märzenbier Europas ausgezeichnet. Es ist heute das Aushängeschild des Bürgerlichen Brauhauses zu Saalfeld und punktet als untergäriges Vollbier mit kräftigem Geschmack. *Bürgerliches Brauhaus Saalfeld GmbH, Pößnecker Straße 55, 07318 Saalfeld/Saale; Tel. +49 (0)3671 67360; www.brauhaus-saalfeld.de*

Touristeninformation

Markt 6, 07318 Saalfeld
Tel. +49 (0)3671 522181
Öffnungszeiten:
Mo–Fr: 9–18 Uhr; Sa: 9–13 Uhr
www.saalfeld-tourismus.de

Bad Blankenburg

Zu Gast beim Erfinder des Kindergartens

Der berühmte Pädagoge Friedrich Fröbel hat in Bad Blankenburg den weltweit ersten Kindergarten gegründet. Zum Gedenken an den Pädagogen kann man den schön gelegenen Friedrich-Fröbel-Wanderweg entlang spazieren und im Friedrich-Fröbel-Museum tief in die Ideenwelt des Reformators eintauchen. Ein weiterer bekannter Bürger Bad Blankenburgs war der Hobbynaturforscher Dr. Helmut Steuer, der mehr als 2.200 verschiedene Schmetterlingsarten aus heimischen Gefilden in einer großen Sammlung dokumentiert hat. In dem nach ihm benannten Dr. Steuer-Kabinett im Erdgeschoss des Rathauses ist denn auch eine umfangreiche Sammlung bunter Schmetterlinge

Ein so zauberhaftes Rathaus wie Bad Blankenburg haben nur wenige Orte.

121 Bad Blankenburg

und Insekten zu sehen. Wer lieber selbst hinaus in die Natur möchte, auf den warten der gut ausgebaute Schwarzatal-Radweg, das wildromantische Schwarzatal, das eines der schönsten Flusstäler Deutschlands ist, und wunderbare Wanderwege wie der Panorama-Wanderweg. Apropos Natur: Seit über 100 Jahren – genauer gesagt: seit dem 2. Oktober 1911 – darf Bad Blankenburg die Zusatzbezeichnung „Bad" tragen. Zu Beginn des 20. Jahrhunderts gab es in dem Luftkurort etliche Kliniken. Auch zwei Heilquellen wurden erschlossen, darunter die Antonius-Quelle, aus der ein Natrium-Kalzium-Chlor-Wasser sprudelt.

Im Friedrich-Fröbel-Museum lernen die Besucher die Ideen des Reformators kennen.

Ausflugstipp
Burg Greifenstein – Auf Sandstein und Muschelkalk
Die Ursprünge der Burg Greifenstein liegen noch immer ein wenig im Dunkeln. Denn es gibt zwar eine auf das Jahr 1137 datierte Urkunde, in der die Burg erwähnt wird, doch gilt diese Urkunde als Fälschung. Der Grund dafür ist, dass die Burg damals als Haus oder Schloss Blankenburg bekannt war, in der Urkunde jedoch Greifenstein genannt wird. Diesen Namen erhielt sie aber erst im Jahr 1625. Die sagenhafte Gründung

Über die Entstehung von Burg Greifenstein gibt es eine alte Sage.

Greifensteins soll übrigens auf folgende Begebenheit zurückgehen: Einst soll einem Grafen auf der Jagd sein Lieblingsfalke Greif davon geflogen sein. Der edle Herr musste lange suchen, bis er ihn auf einem Stein sitzend wieder fand. An dieser Stelle wurde die Burg Greifenstein gebaut. Mit 250 Metern Länge und einer Breite von 80 bis 100 Metern ist sie eine der größten Burgen Thüringens. Sie ist eine sogenannte Abschnittsburg, weil sie in vier Höfe gegliedert ist, die durch Gräben voneinander getrennt sind. Der Bergkegel unter der Burg besteht im unteren Bereich aus Buntsandstein. Darauf lagert Muschelkalk. Beide Gesteine sind sehr hart und konnten beim Bau der Burg gut eingesetzt werden. Die Burg entstand nach und nach. Der Bauabschnitt, der heute als Hauptburg bezeichnet wird, ist der älteste und am besten gesicherte Teil der Burg. 1304 wurde übrigens Günther XXI. von Schwarzburg-Blankenburg auf Burg Greifenstein geboren, der 1349 zum Gegenkönig Karls IV. gewählt wurde.

Besucher können die gesamte Burg anschauen. Die Befestigungen sind noch weitgehend vorhanden, in der Hauptburg gibt es im Palas eine interessante

Bad Blankenburg

Ausstellung über die Geschichte der Burg. Daran, dass man sich all dies ansehen kann, haben Generationen von Bürgern mitgearbeitet. Bereits 1821 wurden erste Arbeiten zur Erhaltung der Burg durchgeführt. Zuvor, im 17. Jahrhundert, wurden sogar Steine abgefahren, um andere Bauten zu errichten – doch das wurde dann zum Glück verboten. Um 1900 gab es die Burggemeinde Greifenstein, die aber nach dem Zweiten Weltkrieg aufgelöst wurde. Und seit 1965 gibt es die Greifenstein-Freunde Bad Blankenburg, die sich für Pflege und Erhaltung der Burg engagieren. Auf dem Gelände rund um die Burg stehen Buchen- und Nadelwälder, es gibt landwirtschaftlich genutzte Flächen und romantische Streuobstwiesen. Auch die umliegende Landschaft ist ausgesprochen reizvoll – besonders die Baumblüte im Frühling und die herbstliche Färbung des Laubes. Auf dem Greifenstein lassen heute - dem Namen entsprechend - von April bis Oktober die Flugvorführungen einer Falknerei die Zuschauer den Atem anhalten.

Burg Greifenstein,
Greifensteinstraße 3, 07422 Bad Blankenburg;
Tel. +49 (0)36741 2080;
Öffnungszeiten: Sa, So: 10–17 Uhr;
www.greifenstein-freunde.de

Unterwegs ziehen viele Details die Blicke auf sich.

Erlebnisbrauerei Watzdorfer

Die Erlebnisbrauerei, die in Bad Blankenburg direkt unterhalb von Burg Greifenstein ihren Sitz hat, zählt zu den ältesten Brauereien Deutschlands: Sie wurde 1411 begründet. Hier können Bierfans erleben, wie traditionell Bier noch heute gebraut wird. Gruppen erleben diese Kunst „live" während einer Führung. Spannend ist in Bad Blankenburg auch das Museum der Brauerei. Hier spüren die Besucher dem Kontrast zwischen alter und moderner Braukunst nach. Und wer die 18 bereits überschritten hat, darf im Anschluss auch an einer Bierprobe teilnehmen und dabei durch große Panoramascheiben stilecht ins Sudhaus blicken. Im Herbst ein dunkles Bockbier und das ganze Jahr über ein herbes Burgpils mit charaktervoller Hopfennote – das lässt die Herzen der Bierliebhaber höher schlagen. Aber auch ein mildes und malziges Landbier und ein Schwarzbier aus karamellisiertem und geröstetem Malz haben die Watzdorfer in petto. Letzteres wird übrigens ohne Zusatz von Zuckercouleur gebraut.

Über Nacht

Pension Villa Brödel
Heinrich-Heine-Straße 5
07422 Bad Blankenburg
Tel. +49 (0)36741 2289
DZ ab 58 Euro

Direkt unterhalb von Burg Greifenstein hat die Erlebnisbrauerei Watzdorfer ihren Sitz.

Bad Blankenburg

Stattdessen greifen die Brauer hier gern zu Thüringer Hochlandgerste aus kontrolliert integriertem Anbau und zu einem besonderen Aromahopfen. Der Watzdorfer Kräutertrank – ein Biermischgetränk – besteht übrigens aus einem Schwarzbier und einem handwerklich hergestellten Kräuterauszug, dessen Grundlagen aus dem Thüringer Wald stammen. Wer dem Braumeister im Sudhaus über die Schulter schauen möchte, ruft am besten rechtzeitig vorher an, denn feste Öffnungszeiten gibt es nicht, Termine für Brauereiführungen und Brauereiabende mit Brotzeit lassen sich aber gern mit dem Braumeister vereinbaren.

Wer einen Termin mit dem Braumeister vereinbart, kann sich durch die Brauerei führen lassen.

*Watzdorfer Traditions- und Spezialitätenbrauerei GmbH,
Watzdorf Nr. 14,
07422 Bad Blankenburg;
Tel. +49 (0)36741 6160;
Führungen:
Di–Do: 10, 13 und 15 Uhr sowie nach telefonischer Absprache;
www.watzdorfer.de*

Touristeninformation

*Bahnhofstraße 23 (Stadthalle)
07422 Bad Blankenburg
Tel. +49 (0)36741 2667
Öffnungszeiten:
Mo–Fr: 9–18 Uhr; Sa: 10–14 Uhr
www.bad-blankenburg.info*

Rudolstadt | Schillers glücklichste Zeit

Rudolstadt ist eine zauberhafte Residenzstadt, die es geschafft hat, den typischen Charakter eines Beamtenstädtchens bis heute zu bewahren. Es liegt am Thüringer Saalebogen idyllisch in einer wald- und wasserreichen Gegend und verführt Wanderer mit über 70 Kilometern gut ausgeschilderten Wanderwegen zu ausgedehnten Touren. Geprägt wurde die Stadt von der Heidecksburg, die majestätisch über der Stadt thront und Sitz der Fürsten von Schwarzburg-Rudolstadt war. Die Fürsten waren sehr an Kunst und Kultur interessiert, große kriegerische Auseinandersetzungen waren ihre Sache nicht. Lieber investierten sie in die schönen Künste. So hat Rudolstadt seit 1792 ein Theater. Kein Geringerer als Goethe leitete das kleine Ensemble. Dank der Hofkapelle kann der Ort außerdem auf eine lange Orchestertradition zurückblicken, aus der sich auch das heutige Theaterorchester entwickelte, die Thüringer Symphoniker.

Durch das Fürstenhaus kam Goethe nach Rudolstadt. Ihm folgte eine Schar Gleichgesinnter. Und auch Schiller verbrachte hier im Jahr 1788 einen verliebten Rudolstädter Sommer. Er kam mit seinem Freund von Wolzogen, der den damals schon recht berühmten Schiller seinen Cousinen vorstellen wollte. Die Familie von Lengefeld pflegte einen literarischen Salon und brachte berühmte Zeitgenossen nach Rudolstadt. Es kam, wie es wohl kommen musste: Schiller verliebte

Die Rudolstädter Stadtkirche „St. Andreas"

127 Rudolstadt

sich in beide Damen, in Charlotte von Lengefeld ebenso wie in ihre bereits verheiratete Schwester Caroline von Beulwitz. Dem Dichter soll eine Ménage à trois vor Augen gestanden haben, aber da Caroline schon vergeben war, entschied er sich für Charlotte und heiratete sie. Der Dichter soll hier in Rudolstadt nach eigenem Bekunden seine glücklichste Zeit erlebt haben. Besonders um Schiller und die beiden Schwestern geht es im Schillerhaus Rudolstadt, aber auch um das erste Zusammentreffen mit Goethe, das die beiden Schwestern arrangierten. Weil der Briefwechsel aus Schillers Rudolstädter Zeit größtenteils erhalten blieb, lässt sich seinen schönsten Monaten hier wunderbar nachspüren. Sowohl das multimediale Museum als auch der schöne Garten sind sehr sehenswert.

Wer Lust auf Museales unter freiem Himmel hat, dem sei auch das älteste deutsche Freilichtmuseum empfohlen, das es bereits seit 1915 in Rudolstadt gibt. Hier

Im Schillerhaus dreht sich fast alles um Schiller und seine Liebe zu den Schwestern Charlotte und Caroline.

Faszinierende Ausstellung in der Porzellanmanufaktur Volkstedt

Die „Thüringer Bauernhäuser" stammen aus dem 17. und 18. Jahrhundert

wurden mehrere alte Bauernhäuser, die ursprünglich in Dörfern der Umgebung standen, originalgetreu wieder aufgebaut. Es ist herrlich, in diesem Areal sommerliche Kulturveranstaltungen unter dem Himmelszelt zu genießen. Apropos Kultur: Sehr beliebt sind auch das Tanz- und Folkfestival, das alljährlich am ersten vollen Juliwochenende stattfindet, und das Rudolstädter Vogelschießen mit seiner nahezu 300-jährigen Tradition.
Freilicht-Museum, Thüringer Bauernhäuser, Große Wiese 2, 07407 Rudolstadt; Tel. +49 (0)3672 422465; Öffnungszeiten: April bis Okt.: tägl. 11–18 Uhr

---

Genuss-Tipp

Zunftkeller im Handwerkerhof

Der Biergarten des Zunftkellers im Handwerkerhof ist eine Oase, in der sich der Gast während eines Stadtbummels in ruhiger und historischer Umgebung entspannen kann. Bei schlechtem Wetter findet man in den urigen Gewölben Platz. Für das leibliche Wohl sorgen Zimmermann- oder Ratsherrenteller. Selbstverständlich in Kombination mit einem zünftigen Bier vom Fass. Was will man mehr?

Zunftkeller im Handwerkerhof
Stiftsgasse 21, 07407 Rudolstadt
Tel. +49 (0)3672 318882
www.zunftkeller-handwerkerhof.de

Ausflugstipp
Heidecksburg – Musik im Schallhaus und zwei Königreiche in der Hofküche

Wann die Heidecksburg gebaut wurde, lässt sich nicht mit einer einfachen Jahreszahl sagen. Sie wurde nämlich nicht in einem Stück erbaut. Vermutlich reicht die Bebauung bis ins neunte Jahrhundert zurück, nachweisbar ist eine Bebauung ab dem 11. Jahrhundert.

Am selben Platz standen bereits eine mittelalterliche Burg und ein Renaissanceschloss. Doch das Schloss – so wie man es heute sieht – entstand nach dem verheerenden Brand des Westflügels und seiner Festräume im Jahre 1735. Auf den Trümmern baute man ein wunderschönes Barockschloss, das 1745 fertiggestellt wurde. Auch auf der Heidecksburg soll übrigens die Weiße Frau gesehen worden sein. Die Sagengestalt soll 1806 dem Fürsten Louis Ferdinand von Preußen, einem Neffen von König Friedrich dem Großen, erschienen sein. Der Hohenzollern-Prinz übernachtete hier, zog in die Schlacht und fiel in der Nähe von Saalfeld auf dem Schlachtfeld.

An der Gestaltung der Heidecksburg waren viele Generationen beteiligt.

Die Heidecksburg ist ein Schloss, an dem wohl jede Eigentümer-Generation dem Zeitgeschmack entsprechend gebaut hat. Noch heute kann man vielen Räumen ansehen, ob sie in der Zeit des Rokoko, des Barock oder der Renaissance umgestaltet wurden. In der Burg ist einer der schönsten Rokokosäle Deutschlands zu bewundern, und auch der Audienzsaal, der Rote Saal, ist herrlich anzusehen. Wohnräume kann man ebenfalls besichtigen, und sowohl Gemäldegalerie als auch Waffensammlung sind ausgesprochen interessant. Weil die Heidecksburg als Residenzschloss ausgebaut wurde, als die Fürsten 1710 in den Reichsfürstenstand erhoben wurden, merkt man der Burg noch immer an, dass sie die Macht ihrer Bewohner

Die „Schillershöhe" ist ein beliebtes Ausflugsziel.

Über Nacht

Hotel Thüringer Hof
Bahnhofsgasse 3, 07407 Rudolstadt
Tel. +49 (0)3672 412422
kontakt@thueringerhof-rudolstadt.de
www.thueringerhof-rudolstadt.de
DZ ab 60 Euro

Gast- & Pensions-Haus Hodes
Mörla Nr. 1, 07407 Rudolstadt
Tel. +49 (0)3672 410101
www.hotel-hodes.de
DZ ab 60 Euro

131 Rudolstadt

repräsentieren sollte. Eine Besonderheit bildet das Schallhaus, das zum Beispiel am Tag des Denkmals besichtigt werden kann. Das Gebäude sieht aus wie ein kleiner Pavillon mit einem runden Dach, unter dem einst die Musiker spielten. Durch ein Loch im Boden gelangte der Schall in den unteren Raum, wo die Zuhörer lauschten.

In der Hofküche der Heidecksburg wird heute nicht mehr gekocht, sondern eine Reise in eine Fantasiewelt unternommen. Mit Pelarien und Dyonien dürfen sich die Besucher in zwei Fantasiereiche träumen, die vor mehr als 50 Jahren von Gerhard Bätz und Manfred Kiedorf erdacht wurden, zwei Berufsschülern aus Sonneberg, die sich in der Schule langweilten. So kauften sie sich einfache Halmasteine, aus denen sie mit Hilfe von Pappe und Gips Soldaten bastelten. Die Soldaten brauchten natürlich ein Königreich. So kam der Stein ins Rollen – bis am Ende 3.000 Figuren im Maßstab 1 : 50 entstanden waren. Und das waren längst nicht alles Soldaten. Weil die beiden ehemaligen Berufsschüler mit ihren Figuren so viel Wissen über das 18. Jahrhundert zum Ausdruck bringen, zeigt das Thüringer Landesmuseum Heidecksburg die fantasievolle Ausstellung „Rococo en miniature" seit 2007 in der ehemaligen Hofküche.

An den Fuß der Heidecksburg schmiegt sich Rudolstadt.

Schloß Heidecksburg, Thüringer Landesmuseum Heidecksburg, Schlossbezirk 1, 07407 Rudolstadt; Tel. +49 (0)3672 42900; www.heidecksburg.de Öffnungszeiten: April bis Okt.: 10–18 Uhr; Nov. bis März: 10–17 Uhr; www.heidecksburg.de

---

Touristeninformation

Markt 5, 07407 Rudolstadt
Tel. +49 (0)3672 486440
Öffnungszeiten:
Mo–Fr: 9–18 Uhr; Sa: 9–13 Uhr
www.rudolstadt.de

Blanken-hain: Weißes Gold an der Schwarza

Die 6.500 Einwohner des Städtchens Blankenhain mit ihren 23 Ortsteilen leben inmitten einer idyllischen Landschaft. Hier fließt die Schwarza durch den sanft gewellten Talkessel. Wanderer genießen ihre Touren im ausgedehnten Wandergebiet. Besonders beliebt ist dabei der Goethewanderweg. Radfahrer hingegen haben direkten Anschluss an Thüringens beliebteste Radstrecke – den Ilmtal-Radweg. Wer sich einen Überblick über das ganze Gebiet verschaffen möchte, der wandert am besten auf den 497 Meter hohen Kötsch. Dort nämlich steht der 1909 erbaute Carolinenturm. Er erinnert nicht nur an Großherzogin Caroline von Sachsen-Weimar-Eisenach, sondern gewährt auch einen tollen Ausblick, der bei gutem Wetter bis nach Weimar reicht. Hier führt auch der Thüringer Drei-Türme-Weg entlang, ein Wanderweg, der die Türme in Bad Berka, Weimar und bei Blankenhain miteinander verbindet. Und weil die Landschaft so schön ist, bot es sich natürlich an, hier auch einen Golfplatz zu bauen: Seit 2010 können Golfer

Auf Schloss Blankenhain locken Sommerkonzerte in den Schlosshof.

ihrem Sport auf einem 36-Loch-Platz frönen. Wer mit der ganzen Familie einen sportlichen Sommertag verleben möchte, kann dies im Erlebnisbad am Wald tun: Sechs 25-Meter-Bahnen, eine 3-Meter-Sprungplattform, eine Wärmehalle, eine Whirlliege und ein Kinderbereich sorgen dafür, dass hier jeder sein Badeparadies findet.

Erlebnisbad Blankenhain, Am Waldbad,
99444 Blankenhain; Tel.: +49 (0)36459 62305; Mai bis
Sept.: 10–19 Uhr; Thüringer Sommerferien 9–20 Uhr

Doch auch der 1252 erstmals erwähnte Ort selbst lohnt einen Besuch. So gibt es schon seit 1790 eine Porzellanfabrik in Blankenhain. Der Faszination des weißen Goldes erliegen die Besucher regelmäßig im Werksverkauf von Weimarer Porzellan. Für Gruppen werden nach Voranmeldung auch Besichtigungen des Werks organisiert. Interessant ist auch das kleine Apothekenmuseum. Es wurde von einer seit Jahrhunderten in Blankenhain ansässigen Apothekerfamilie als Begegnungsstätte in einer alten Apotheke eingerichtet und steht ebenfalls für Führungen zur Verfügung.

Genuss-Tipp

Klöße und Stempel in Kekek's Wanderhütte

In Kekek's Wanderhütte kann sich der passionierte Wanderer am Rande des Naturschutzgebiets erholen. Und zwar bei Hausmannskost, denn Familie Kekek verwöhnt den Gaumen mit frischen Spezialitäten aus der Region. Hausgemachte Thüringer Klöße werden – auf Vorbestellung – je nach Wetterlage in der gemütlichen Gaststube oder im Garten serviert. Und weil sie direkt am Goethewanderweg liegt, darf Kekek's Wanderhütte dem Wanderer auch den gewünschten Stempel für geführte Wanderwege eintragen.

Kekek's Wanderhütte
August-Ludwig-Straße 31, 99444 Blankenhain/Hochdorf
Tel.: +49 (0)36459 54821

Bunt wird es im Ortsteil Neckeroda. In dem historischen Färberdorf wird jedes Jahr am letzten August-Samstag zu einem Färber- und Handwerkerfest eingeladen. Dann lassen sich Besucher aus vielen Ländern in einen wahren Farbrausch versetzen, denn hier wird handwerkliche Färberkultur vorgestellt, die mit allem färbt, was die Natur hergibt.

Weimarer Porzellanmanufaktur Betriebs-GmbH, Christian-Speck-Straße 5, 99444 Blankenhain; Tel.: +49 (0)36459 600; Werkführungen ab 5 Personen und nach telefonischer Absprache mindestens 3 Tage vorher; www.weimar-porzellan.de

Apotheken Museum Blankenhain, Rudolf-Breitscheid-Str. 3, 99444 Blankenhain; Tel.: +49 (0)36459 41260; Termine nach Vereinbarung sowie zu diversen Veranstaltungen; www.apotheke-blankenhain.de

Ausflugstipp
Schloss Blankenhain – Sommerkonzerte im Schlosshof

Durchschreitet man den Eingang zum Schlosshof, fühlt man sich mitten ins Mittelalter hineinversetzt. Der hübsche Erker über dem Tor mit dem Rundbogen lässt den Besucher sofort an Minnesang, Rittersleut und schöne Maiden denken. Und richtig, Schloss Blankenhain wurde tatsächlich im Mittelalter als Rundburg erbaut. Die erste Erwähnung des Schlosses lässt sich in das 11. Jahrhundert zurückverfolgen, doch bestand es zu diesem Zeitpunkt vermutlich schon 300 bis 500 Jahre. Nach dem 11. Jahrhundert setzten Raub und Brände, Fehden und Schulden dem Schloss arg zu, ehe die Grafen von Hatzfeld das Areal im 17. Jahrhundert erwarben. Allerdings war wohl kaum noch etwas er-halten, was man guten Gewissens „Schloss" hätte nennen können. Die Grafen von Hatzfeld bauten das Schloss auf den Mauern der Vorgängerbauten in seiner heutigen Form wieder auf. 1690 war der Bau vollendet.

Das Schloss wurde genutzt, um die dazugehörigen

Blankenhain

Ländereien zu verwalten. Es war kein Wohnsitz und konnte daher auch nicht mit Schmuckgegenständen wie Stuck oder mit Malereien aufwarten. Doch obwohl es ein reiner Zweckbau war, wirkt es vor allem dank seines geschlossenen Innenhofs ausgesprochen schön. Seit dem Ende des 18. Jahrhunderts wechselten die Herren des Schlosses häufig. Das Kurfürstentum Mainz, die Preußen, der Großherzog von Weimar, das Land Thüringen und schließlich die Stadt Blankenhain waren mehr oder minder stolze Schlossbesitzer. Die Stadt wollte das Schloss schließlich erneut verkaufen, doch der Plan war nicht von Erfolg gekrönt, weshalb sich heute engagierte Bürger um seine Nutzung und Pflege kümmern. Im Sommer finden hier jetzt Konzerte statt. Die Akustik ist sehr gut, denn der Klang bleibt wegen der Höhe des Gebäudes im Raum. Von April bis Oktober ist Schloss Blankenhain jedes Wochenende für Besucher geöffnet. Immerhin wurde auch der Festsaal inzwischen hergerichtet. Ein neuer Putz und eine schlichte Ausmalung sorgen für eine angemessene Ausstrahlung. Und dank neuer Heizung kann das Schloss nun sogar ganzjährig genutzt werden.
Schloss Blankenhain,
Am Markt 2, 99444 Blankenhain;
Tel. +49 (0)36459 62237; Öffnungszeiten: Okt. bis April: Sa, So: 4–16 Uhr sowie nach Vereinbarung, Führungen auf Anfrage. Auch Kabarettveranstaltungen und Märkte werden organisiert, am zweiten Advent findet ein lauschiger Weihnachtsmarkt statt.
www.schlossverein-blankenhain.de

Über Nacht

Parkhotel Blankenhain
Marktstraße 6
99444 Blankenhain
Tel. +49 (0)36459 61749
sven.rogga@web.de
www.blankenhain-parkhotel.de
DZ ab 20 Euro

Pension Idyll
Teichstraße 20
99444 Blankenhain
Tel. +49 (0)36459 589252
info@pension-idyll.de
www.pension-idyll.de
DZ ab 36 Euro

Touristeninformation

Marktstraße 4
99444 Blankenhain
Tel. +49 (0)36459 44030
Öffnungszeiten:
Mo, Do: 8–16 Uhr; Di: 8–18 Uhr;
Fr: 8–12.30 Uhr
www.blankenhain.de

Kranich-feld

Eine Stadt, zwei Burgen

In Kranichfeld können sich Burgenfans gleich mit zwei alten Gemäuern verlustieren. Das Oberschloss ist ein verwunschenes Renaissanceschloss, das auf einer Bergspitze erbaut wurde, die aus dem Kranichberg hervorspringt. Die Niederburg hingegen liegt malerisch über dem Fluss Ilm und lädt mit einer schönen Freilichtbühne in ein unvergessliches Ambiente ein. Doch zurück zum Oberschloss. Es wurde im 12. Jahrhundert im romanischen Stil erbaut. Aus dieser Zeit stammt auch der „Dicke Turm", dessen Mauer es auf eine Stärke von 3,60 Metern bringt. Die meisten Blicke zieht auf dem Oberschloss aber sicher der „Leckarsch" auf sich: Diese recht kesse Darstellung geht auf eine alte Sage zurück, nach der einst die Brüder Wolfer und Ludger auf dem Oberschloss lebten. Wie es damals üblich war, behielt Wolfer als der Ältere der beiden das

Das Oberschloss wurde im 12. Jahrhundert im romanischen Stil erbaut.

137 Kranichfeld

Schloss und Ludger zog von dannen. Aber er kündigte seine Rückkehr und den Bau der Niederburg an. Wolfer glaubte ihm kein Wort: „Wenn dir das gelingt, werde ich mich am Arsch lecken!" Wie sollte es anders kommen, als dass Ludger zurückkam und die Niederburg baute? Der Ältere musste sein Wort erfüllen, starb aber, als er es tat. Zum Andenken daran ließ der jüngere Bruder den „Leckarsch" in Stein hauen.

Auch der jüngere Bruder wollte einen standesgemäßen Sitz und erbauten die Niederburg.

Die Niederburg wurde schon im Jahre 1147 das erste Mal urkundlich erwähnt. Sie gehörte den unterschiedlichsten Adligen. 1233 verfügte der Graf von Schwarzburg über die Burg, weil sie ihm verpfändet wurde. Auch die Grafen Gleichen sowie die Geschlechter Hohenlohe und Mörsburg gehörten zu den Besitzern der Burg. 1906 veranlasste die damalige Eigentümerin, Fräulein Rauchfuß, dass die Burg ihr heutiges Aussehen erhielt. Für Besucher ist aber nicht nur die Burg an sich interessant, sondern auch der Adler- und

Über Nacht

★★★ *Hotel Zum alten Kurhaus*
Ilmenauer Straße 21
99448 Kranichfeld
Tel. +49 (0)36450 31215
DZ ab 60 Euro

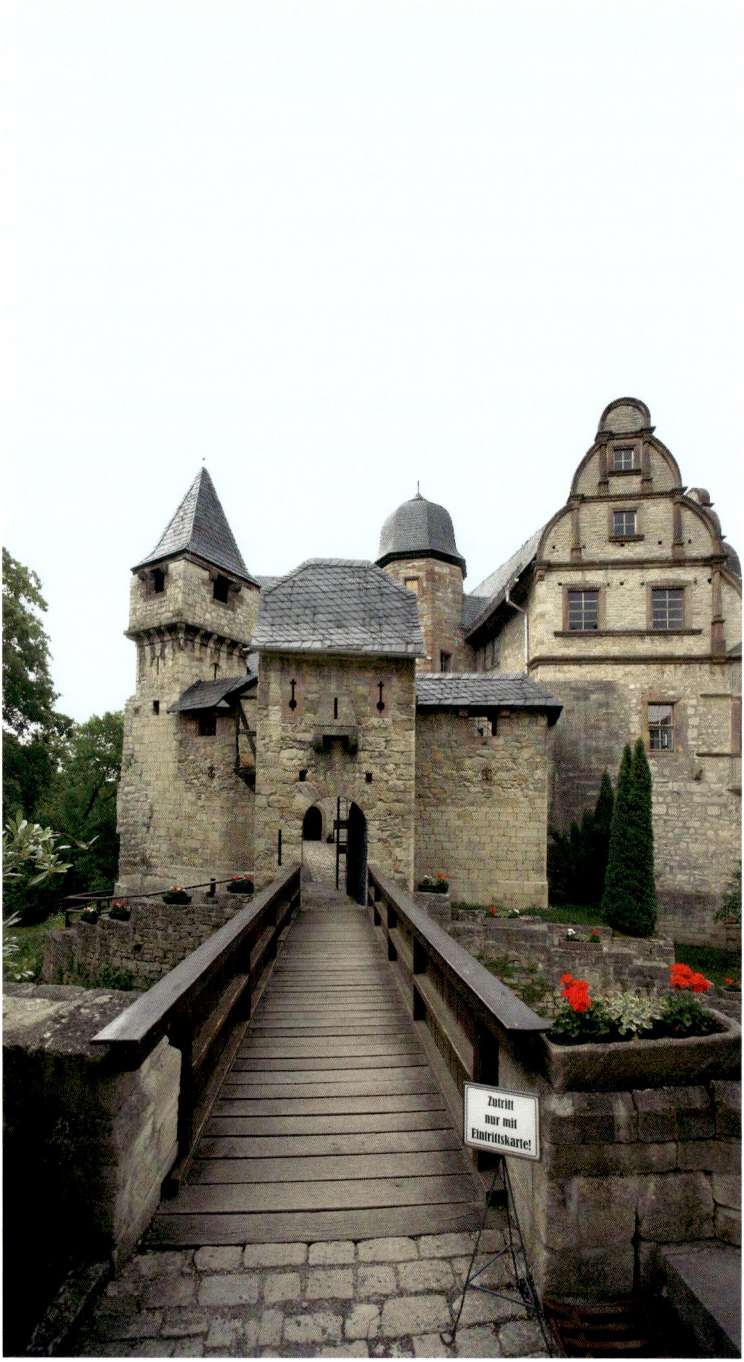
Zutritt
nur mit
Eintrittskarte!

139 Kranichfeld

Der Flug der Greifvögel ist herrlich anzuschauen.

Links: Fast wie im Trickfilm, aber echt: das Oberschloss Kranichfeld

---

Genuss-Tipp

Erst Matjes, dann Stausee

Direkt am Stausee lässt es sich im M1-Cafe Seeleite bei schöner Aussicht nett schmausen. Die Spezialität des Hauses mit dem heimeligen Ambiente sind die in gewürzter Öllake aromatisierten Rauchmatjes, die mit Bratkartoffeln und Bohnen im Speckmantel serviert werden. Ein Pils von der Sternquell-Brauerei aus dem Vogtland rundet den Genuss erfrischend ab – und der Freizeitpark Stausee Hohenfelden lockt die Besucher zu weiteren Aktivitäten.

M1-Cafe Seeleite
Seeleite 1, 99448 Kranichfeld
Tel. +49 (0)36450 43194
www.m1-restaurant.de

Falkenhof, der Greifvögel in ihrer natürlichen Umgebung und in einer tollen Atmosphäre präsentiert.
Oberschloss Kranichfeld, Schloßberg 28, 99448 Kranichfeld; Tel.: +49 (0)36450 39699; Öffnungszeiten: März bis Okt.: Mo-Fr: 9–17 Uhr; Sa, So: 10–18 Uhr; Nov. bis Feb.: Mo-Fr: 10–15.30 Uhr; Sa, So: 10–15.30 Uhr; Führungen auf Anfrage; www.thueringerschloesser.de

---

Touristeninformation

Baumbachplatz 1
99448 Kranichfeld
Tel.:+49 (0)36450 19433
Öffnungszeiten:
Mai bis Sept.:
Mo-Fr: 9–18 Uhr; Sa: 9–12 Uhr;
Okt. bis April:
Mo-Fr: 9–17 Uhr
www.kranichfeld.de

Bad Berka

Eintauchen, radeln, wandern

Direkt im Landschaftsschutzgebiet „Mittleres Ilmtal" liegt Bad Berka und sorgt mit einer breiten Palette an Angeboten für die gesunde Erholung seiner Gäste. Neben Kneipp'scher Badekur, Nordic Walking und der sportlichen Bewegung im „Fitnessstudio im Grünen" ist auch das milde Reizklima eine gute Grundlage, um sein persönliches Wohlbefinden zu steigern. Eine große Verlockung für Radfahrer ist der Ilmtal-Radweg, der erste vom ADFC zertifizierte und als Qualitätsradroute mit vier Sternen ausgezeichnete Radweg. Durch Rundwege ist er mit anderen Radwegen verbunden, so dass sich jeder Radler nach Gusto und Kondition kurze und lange Strecken zusammenstellen kann. Die Anhänger der Kneipp'schen Lehre finden in Bad Berka drei Kneippbecken und einen Kneipprundweg, auf dem der Interessierte in wunderschöner Landschaft bei Wasser

Um den Marktplatz zu vergrößern, wurde das Rathaus um acht Meter zurückgesetzt.

Bad Berka

und Bewegung seinen Wissensdurst stillen kann. Heute erinnert nichts mehr daran, dass 1816 zwei Drittel der Stadt einem verheerenden Brand zum Opfer fielen. Das Feuer ging von einer Bäckerei aus und griff dann auf das daneben gelegene Rathaus über. Nach dem Brand gestaltete Oberlandbaumeister Coudray das Zentrum und auch gleich den Straßenverlauf neu. Er setzte das Rathaus um acht Meter zurück und vergrößerte so den Marktplatz. Außerdem schmückt seitdem eine Monduhr den Giebel des Rathauses. An den Baumeister erinnert bis heute das Coudray-Haus. Es wurde 1997 nach einer gründlichen Sanierung wiedereröffnet und beherbergt heute das „Haus des Gastes", in dem zahlreiche Veranstaltungen stattfinden.

Marktbrunnen von Bad Berka

Das Coudray-Haus wurde 1997 wiedereröffnet und beherbergt das „Haus des Gastes".

Ein elf Hektar großes Paradies ist der Kurpark von Bad Berka, der Anfang des 19. Jahrhunderts eröffnet wurde und bei dessen Gestaltung Goethe einige Ideen einbrachte. Natürlichkeit für die Sinne – nach diesem Motto wurde der Kurpark entworfen. Das Ergebnis lässt sich noch heute nachvollziehen: Naturbelassene

Mit dem Goethebrunnen ehrt die Stadt den Dichter für sein Engagement für das Bad Berka.

Bereiche, seltene Flora und großzügige Flächen laden zur Erholung ein. Wer mag, lauscht im Sommer den Kurkonzerten in der Musikmuschel. Oder dem Parkgeflüster, einem einzigartigen Licht-Klang-Erlebnis, bei dem von Mai bis Ende September das lebendige Grün eine Symbiose mit Vogelgesang und Musik eingeht.

Genuss-Tipp

Scharfes Souvenir aus dem Alten Brauhaus

Der Biergarten liegt idyllisch am Wasser, die Gaststuben im historischen Gebäude sind heimelig und das Bier, das Brauhaus Spezial, wird im Buchfahrter Sudhaus nur für das Alte Brauhaus in Bad Berka gebraut. Außerdem gibt es einen saftigen Kräuter-Schweinsbraten mit Schwarzbiersoße – der tut der Seele gut. Und als kulinarisches Souvenir nehmen die Gäste gern den steingemahlenen Biersenf mit heim.

Altes Brauhaus
Brauhausstraße 3, 99438 Bad Berka
Tel. +49 (0)36458 30616
www.montag-brauhaus.de

143 Bad Berka

Ausstellungen und Events sind weitere i-Tüpfelchen des Kurparks – neben dem Goethebrunnen selbstverständlich, dessen Kalziumsulfat-haltiges Heilwasser Linderung bei vielen Indikationen verspricht.

Nach einem Spaziergang im Kurpark erzählt Maskottchen Eichhold auf dem nahe gelegenen Natur-Erlebnispfad liebend gern von Riesen, Rittern und anderen Mythen: Der Erlebnispfad auf dem Schlossberg lädt die Kids zum Mitmachen und Rätselraten ein. Die Schatten der alten Burgruine beflügeln dabei die Fantasie von Groß und Klein! Wer weitere schöne Seiten der Region erkunden möchte, dem sei der Drei-Türme-Weg ans Herz gelegt. Der 26 Kilometer lange Rundwanderweg führt von Bad Berka durch Wald und Feld über die Ortschaften Buchfart und Vollersroda erst einmal zum Hainturm bei Weimar. Von dort geht es weiter in Richtung Süden zum Carolinenturm, der dem Wanderer in der Nähe von Blankenhain einen Überblick über die thüringische Landschaft verschafft. Zurück zum Ausgangspunkt sind es jetzt nur noch sechs Kilometer. Kurz bevor man diese Strecke gemeistert hat, steht am östlichen Ortsrand von Bad Berka der 26 Meter hohe Paulinenturm und bietet einen wunderbaren Ausblick über das Landschaftsschutzgebiet Mittleres Ilmtal und natürlich auch über Bad Berka.

Der Paulinenturm liegt am Drei-Türme-Weg.

Über Nacht

★ ★ ★ *Hotel Hubertushof*
Tannrodaer Straße 3
99438 Bad Berka
Tel. +49 (0)36458 350
info@hotel-hubertushof.de
www.hotel-hubertushof.de
DZ ab 69 Euro

Touristeninformation

Goetheallee 3, 99438 Bad Berka
Tel. +49 (0)36458 5790/19433
Öffnungszeiten:
Mo–Fr: 9–12/14–18 Uhr
(Nov. bis April 14–17 Uhr);
Sa: 9–12 Uhr
www.bad-berka.de

Apolda | Glocken, Rathaus, Brunnen

Glockenspiel am Stadthaus von Apolda

Das Dobermann-Denkmal in der Teichgasse

Der langjährigen Tradition Apoldas als Stadt der Glockengießerei können Besucher im Glocken- und Stadtmuseum nachspüren, wo in einer Dauerausstellung die Geschichte der Glocken- und der Wirktradition der Stadt präsentiert werden. Bereits 1772 wurden hier die ersten Glocken gegossen. 1923 verließ die berühmte Petersglocke die Stadt, um künftig im Kölner Dom zu erklingen. Zum Erinnern, zum Schmunzeln, aber auch zum Runzeln der Stirn regt die Ausstellung „Olle DDR" in der Baracke der früheren Kreisverwaltung Apolda an. 12.000 Exponate – vom ATA-Paket bis zum kompletten Kinderzimmer – erzählen Alltagsgeschichten aus der DDR. Hochkarätige Ausstellungen sind auch im Kunsthaus Apolda Avantgarde in der Bahnhofstraße zu sehen: Hier wurden schon Arbeiten von Oskar Kokoschka, Lyonel Feininger, Gerd Mackensen und Camille Claudel ausgestellt. Neben der Geschichte und der Kunst gönnt auch die Natur den Gästen Apoldas Abwechslung: Die Schötener und die Herressener Promenade – beide wurden in den 1920er Jahren vom Verschönerungsverein Apolda realisiert – bieten mit ihren Teichen ausgiebig Gelegenheit zum Entspannen in wunderschöner Natur. Eine ganz andere und ziemlich ungewöhnliche Besonderheit ist das Dobermann-Denkmal, das dem Hundezüchter und Namensgeber der Rasse Karl-Friedrich-Louis Dobermann gewidmet wurde. Es stammt von der Bildhauerin Kerstin Stöckel.

Glockenmuseum/Stadtmuseum, Bahnhofstraße 41, 99510 Apolda; Tel. +49 (0)3644 5152570; Di–So: 10–18 Uhr; Führungen nach Vereinbarung; www.glockenmuseum-apolda.de
Kunsthaus Apolda Avantgarde, Bahnhofstraße 42, 99510 Apolda; Tel.: +49 (0)3644 515364; Öffnungszeiten: Di–So: 10–18 Uhr; Mo auf Anfrage; www.kunsthausapolda.de

Mit seiner kessen Turmspitze ist das Rathaus von Apolda nicht zu übersehen.

Als kleine Burgsiedlung begann Apolda seine lange Historie im 12. Jahrhundert. Zentrum des Geschehens war der Marktplatz. Im 13. Jahrhundert erhielt Apolda dann das Stadtrecht und ein kleines Rathaus mitten auf dem Marktplatz. Doch schon 1558 musste das alte

Noch immer sehenswert: der Bahnhof von Apolda

Im Schloss von Apolda hat das Kulturzentrum seinen Sitz.

Rathaus einem neuen weichen. Bereits nach einjähriger Bauzeit war das 3.000 Gulden teure Rathaus bezugsfertig. Das Geld für den Bau war – gerade so wie heute – geliehen. Bis zum Jahre 1573 musste die Stadt Apolda satte 800 Gulden Zinsen berappen. 1669 wurde das Ensemble um einen Glockenturm samt Turmuhr ergänzt, doch ein katastrophaler Stadtbrand zerstörte 1673 auch dieses Rathaus, das aber schon im darauffolgenden Jahr im Renaissance-Stil wieder aufgebaut wurde. Heute verleiht der gelb getünchte Bau dem

Apolda

Marktplatz ein freundliches Gesicht, und besonders der Turm mit seinem hübsch geschwungenen Dach wirkt sehr malerisch.

Nicht weit vom Rathaus entfernt steht auf einer Anhöhe Schloss Apolda. Zum ersten Mal schriftlich erwähnt wurde es 1119. Zeitweise lebte die Familie Vitzthum von Apolda auf dem Schloss, unter der es der Bevölkerung nicht immer gut erging. Das erklärt auch die grausame Sage von der kleinen Katharina, der Tochter von Christoph von Vitzthum, der in der Mitte des 16. Jahrhunderts mit seinen Söhnen Moritz und Dietrich und eben mit der kleinen Katharina hier lebte. Doch das Glück des Kindes sollte nicht von Dauer sein: Der Vater verweigerte einer Zigeunerin Milch für ihr Kind und ließ sie fortjagen. Es kam zu einem Unfall, das Kind der Zigeunerin starb. Daraufhin verfluchte die verzweifelt

Der Bürgerbrunnen auf dem Brauhof zeigt auf einem Fries auch die Kunst des Brauens.

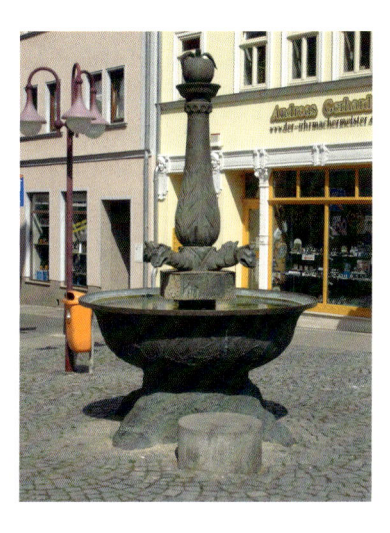

Genuss-Tipp

No.1 – denn das Auge isst mit…

Gaumenschmaus und Augenschmaus – in der No.1 gibt es beides: Im aus dem 18. Jahrhundert stammenden Teil des Apothekenkellers versetzt die 1997 extra für die No.1 gestaltete Freskomalerei den Gast in historische Stimmung. Malerei von Künstlern der Region lockt in die Originalgewölbe aus dem 16. Jahrhundert, während der Gast im Sommer sein frisch gezapftes Apoldaer Bier im Biergarten am Marktplatz mit Blick auf die restaurierten Bürgerhäuser genießt.

Restaurant-Bar No.1
Apothekergässchen 1, 99510 Apolda
Tel. +49 (0)3644 555637
www.no1-apolda.de

trauernde Frau das liebste Kind des Schlossherrn – und eben dieses war die kleine Katharina: Nach Ablauf von sieben Jahren solle es vom Blitz erschlagen werden. Der Fluch erfüllte sich trotz aller Vorsichtsmaßnahmen. Noch heute erinnert der Katharinenbrunnen mit dem Bildnis eines Kindes an diese Sage. Übrigens gibt es in Apolda viele schöne Brunnen, darunter auch den Bürgerbrunnen auf dem Brauhof, der auf einem Fries auch die Kunst des Brauens darstellt.

Wechselvolle Vergangenheit – Vereinsbrauerei Apolda GmbH

Die Vereinsbrauerei Apolda gehört zu den ältesten Unternehmen in Apolda. Sie ist nicht nur in der Wirtschaft, sondern auch in den Traditionen der Stadt fest verwurzelt. Als man die Brauerei mit Wirkung ab dem 1. Oktober 1887 als Aktiengesellschaft in das Handelsregister der Stadt eintrug, entstand sie aus einem Zusammenschluss der Braugenossenschaft zu Apolda und der Brauerei „Gebrüder Bohring". Die Geschichte der Braugenossenschaft lässt sich bis vor das Jahr 1440 zurückverfolgen. In dieser stolzen Tradition stehen rund 60 Mitarbeiterinnen und Mitarbeiter, die heute in der Brauerei beschäftigt sind.

Auch in Apolda wurde Bier nach dem deutschen Reinheitsgebot von 1516 gebraut. Hopfen, Wasser und Malz waren die Basis für wohltuenden Biergenuss, seit Bayernherzog Wilhelm IV. das folgenreiche Gebot auf dem Ingolstädter Landesstädtetag verabschiedete. Wer sich selbst von der Güte des Bieres und von der Reinheit der Zutaten überzeugen möchte, der begleitet am besten den Braumeister der Vereinsbrauerei auf seinem Rundgang durch die Brauerei. In traditionsreichen Gebäuden und modernen Brauerei-Anlagen wird heute das

---

Über Nacht

★★★ *Hotel Weimarer Berg*
Am Weimarer Berg 7
99510 Apolda
Telefon: +49 (0)3644 50520
hotel.weimarer.berg@t-online.de
www.hotelweimarerberg.com
DZ ab 49 Euro

Die Vereinsbrauerei Apolda kann in Begleitung des Braumeisters besichtigt werden.

Bier gebraut, dass die Erwachsenen ganz frisch im „Bräustübl" der Vereinsbrauerei probieren können. Dazu gibt es eine frische Brezel. Obendrein dürfen die Gäste ihr Glas nach dem zweistündigen Rundgang mit nach Hause nehmen.

Zu Beginn des 20. Jahrhunderts wurde in Apolda übrigens zum ersten Mal Flaschenbier produziert. Doch der Brauerei standen damals wechselvolle Jahre bevor: Im Ersten Weltkrieg sank die Biererzeugung auf lediglich fünf Prozent der Biermenge, die in Friedenszeiten gebraut wurde, und die große Arbeitslosigkeit während der Weltwirtschaftskrise 1929 reduzierte den Absatz des Bieres auf die Hälfte. Im Zweiten Weltkrieg schließlich wurde der Mälzungsbetrieb ganz aufgegeben, ehe zu DDR-Zeiten die Brauerei zum Volkseigentum wurde. Mit der Wende kam die Privatisierung der Vereinsbrauerei Apolda und ebnete den Weg zum erfolgreichen Unternehmen: 2003 wurden hier über 130.000 Hektoliter Bier produziert.

Vereinsbrauerei Apolda GmbH, Topfmarkt 14, 99510 Apolda; Tel. +49 (0)3644 84840; Führungen: Di 14 Uhr sowie nach Vereinbarung; www.vereinsbrauerei-apolda.de

Touristeninformation

Markt 1, 99510 Apolda
Tel.: +49 (0)3644 650100
Öffnungszeiten:
Mo–Mi, Fr: 9–17 Uhr;
Do: 9–18 Uhr
www.apolda.de

Weimar | Von Klassik bis Bauhaus

Das Weimarer Stadtschloss mit seinem mächtigen Turm

Selbstverständlich ziehen in Weimar Goethes Gartenhaus genau wie sein Wohnhaus und das Goethe-Schiller-Denkmal alle Blicke auf sich. Auch das 1919 hier begründete Bauhaus spielte in Weimar eine sehr große Rolle. Doch obendrein hat die Klassiker-Stadt Weimar, die 1999 Kulturhauptstadt Europas war, auch ein imposantes Schloss zu bieten. Zwar wurde das Stadtschloss noch als Regierungssitz und Wohnstätte der regierenden Monarchen erbaut, doch als 1918 die Ära der Monarchie endete, wurde es zu einem Hort der Kunst. In der wunderbaren Cranach-Galerie finden sich Werke von Caspar David Friedrich, Johann Heinrich

Wilhelm Tischbein, Auguste Rodin und Max Beckmann. Auch der Klassizismus, die deutsche Romantik und der französische Impressionismus geben sich hier ein faszinierendes Stelldichein.

Goethes Wohnhaus am Frauenplan

Ebenso anziehend sind die Wohnhäuser der großen Vertreter der deutschen Klassik: In der heutigen Schillerstraße kaufte Friedrich Schiller 1802 ein Wohnhaus für sich und seine Familie. Dafür musste er sich erheblich verschulden. Der Besucher bestaunt heute das Arbeitszimmer des Dichters in der Mansarde und wirft auch gern einen Blick in die Küche des Dichter-Haushalts. Noch attraktiver ist vermutlich Johann Wolfgang von Goethes Wohnhaus am Frauenplan. Wer Familie Goethe besuchte, wurde zunächst mit einem freundlichen „Salve" begrüßt, das auf dem Holzboden vor dem Eingang zum Wohnbereich zu lesen ist. Wunderschön ist auch der

Theaterplatz: Goethe- und Schillerdenkmal

romantische Hausgarten des Dichters. Trotzdem war Goethes Gartenhaus im Park an der Ilm immer wieder ein Zufluchtsort für den Dichter. Hier schrieb Goethe viele Gedichte, darunter einige, die seine intensive Beziehung zur Natur widerspiegeln.

Goethes Gartenhaus im Park an der Ilm

Nicht versäumen sollten Weimar-Besucher das Bauhaus-Museum am Theaterplatz, auf das die beiden Dichterfürsten Goethe und Schiller heute von ihrem überlebensgroßen Denkmal aus blicken. Und ihr steinernes Interesse ist nicht unbegründet: Künstler aller

Im Bauhaus-Museum am Theaterplatz sind Werke von Lyonel Feininger und anderen Bauhaus-Künstlern zu sehen.

Sparten, von Walter Gropius über Lyonel Feininger, Wassily Kandinsky und Paul Klee bis zu Oskar Schlemmer entwickelten hier zum Beispiel in den Bereichen Kunst, Architektur und Design neue und bahnbrechende Perspektiven. Einen intensiven Blick ist auch das Bild „Gelmeroda XI" von Lyonel Feininger wert, auf dem die Kirche des Weimarer Stadtteils Gelmeroda zu sehen ist, die Feininger wieder und wieder malte. In der Kirche ist heute eine Ausstellung mit Reproduktionen seiner Gelmerodaer Werke zu sehen.

Gasthausbrauerei Felsenkeller – Hopfen und Malz in Weimar

Wer auf der Bier- und Burgenstraße reist, der weiß vielleicht, dass die Sache mit dem Reinheitsgebot gar nicht so einfach ist, und wird sich nicht mehr darüber wundern, dass im Kampf für reines Bier mehrere Varianten dieser Verordnung entstanden. In der urigen Gasthausbrauerei Felsenkeller in Weimar jedenfalls werden die Biere nach dem Weimarer Reinheitsgebot aus dem Jahr 1348 gebraut. Hopfen und Malz – mehr darf nicht ins Bier. Es ist aber immer wieder erstaunlich, welch große Bandbreite an Bieren aus so wenigen Zutaten hergestellt werden kann.

Vier Kilometer südlich des Stadtzentrums erreicht man Schloss Belvedere auf der „Eichenleite": Ein Traum für Liebhaber schöner Schlösser und Gärten!

Gasthausbrauerei Felsenkeller

In der Gasthausbrauerei jedenfalls kommen charakterstarkes Pilsner, süffiges Schwarzbier, herbstliches Bockbier, rötliches Winterbier, leichtes Sommerbier, traditioneller Maibock, Kartoffelbräu mit Kartoffelstärke und jetzt auch regelmäßig ein Mehrkornbier mit vier Sorten Getreide ins Bierglas. Das Mehrkornbier ähnelt übrigens dem bekannten Weizenbier. Die Brauanlage steht im Gastraum, doch zum Vergären kommt das Bier dann in den Felsenkeller. Die Keller gibt es schon seit 1792. Seit 1885 steht darüber das Haus der Gasthausbrauerei. Das Anwesen liegt am Hügel, der Eingang ist im unteren Geschoss. Betritt der Gast die Brauerei, geht es erst einmal eine größere Treppe hinauf und dort direkt ins Sudhaus, wo rund

---

Über Nacht

Hotel Anna Amalia
Geleitstrasse 8–12
99423 Weimar
Tel. +49 (0)3643 49560
info@hotel-anna-amalia.de
www.hotel-anna-amalia.de
DZ ab 95 Euro

Pension Die kleine Residenz
Grüner Markt 4, 99423 Weimar
Telefon: +49 (0)3643 743270
residenz-pension@web.de
www.residenz-pension.de
DZ ab 65 Euro

Genuss-Tipp

Der Zwiebel mag's gemütlich

Der Zwiebel ist ein kesses Männchen, das als Emblem der gleichnamigen und urgemütlichen Gaststätte im Herzen von Weimar beste Dienste leistet. Klar, dass hier Zwiebelgerichte im Vordergrund stehen: So ist der Zwiebelkuchen des Hauses einfach legendär und eine willkommene Begleitung zum hellen oder dunklen Bier aus der Ehringsdorfer Brauerei in Weimar.

Zum Zwiebel
Teichgasse 6, 99423 Weimar
Tel. +49 (0)3643 502375
www.zum-zwiebel.de

---

um die Braukessel Tische stehen, an denen man sich an traditioneller Thüringer Küche laben kann. Das saftige Thüringer Rostbrätel, ein Schweinekammsteak mit Schmorzwiebeln und Bratkartoffeln, kann man auch im Wintergarten genießen, von wo aus man obendrein einen herrlichen Blick über die Stadt hat.

Gasthausbrauerei Felsenkeller,
Humboldtstr. 37, 99425 Weimar;
Tel. +49 (0)3643 414741;
kontakt@felsenkeller-weimar.de
Öffnungszeiten:
April bis Dez.: Mo Ruhetag, ab 20 Personen kann nach vorheriger Absprache geöffnet werden;
Di–Sa: 11–24 Uhr; So: 11–22 Uhr;
Jan. bis März: Mo: Ruhetag, ab 20 Personen kann nach vorheriger Absprache geöffnet werden;
Di–Do: 12–23 Uhr; Fr: 12–24 Uhr;
Sa: 11–24 Uhr; So: 11–22 Uhr;
www.felsenkeller-weimar.de

Schillers Wohnhaus

Touristeninformation

Markt 10, 99423 Weimar
Tel: +49 (0)3643 7450
Öffnungszeiten:
April bis Okt.:
Mo–Sa: 9.30–19 Uhr;
So, Feiertage: 9.30–15 Uhr;
Nov. bis März:
Mo–Fr: 9.30–18 Uhr; Sa, So, Feiertage: 9.30–14 Uhr
www.weimar.de

Hier geht's rund: Thüringer Kloß-Welt

Im Thüringer Raum gibt es Klöße, die zu zwei Dritteln aus rohen, geriebenen und ausgepressten Kartoffeln zubereitet werden: die berühmten Thüringer Klöße. Das letzte Drittel sind gekochte Kartoffeln. Doch die Mischung allein macht es noch nicht. Wer sich selbst einmal versuchen will, sollte ein paar Tipps beherzigen: Der Brei aus den gekochten Kartoffeln muss so heiß wie möglich auf die rohe Kartoffelmasse gegossen werden, damit die Masse nicht auseinander fällt. Und wenn alle Klöße im Kochwasser sind, lässt man es noch einmal kurz aufkochen und anschließend 20 Minuten sieden. Auf die Idee, aus Kartoffeln Klöße herzustellen, kam man übrigens, als die Brotpreise wegen schlechter Getreideernten in die Höhe schnellten. Experimentierfreudige Frauen versuchten sich an geriebenen Kartoffeln und entwickelten schließlich den ersten Thüringer Kloß. Das Wort „Kloß" hat seinen Ursprung in dem altdeutschen Wort „kloz" für Klumpen, Kugel oder Knolle. Schriftlich wird der Kloß 1808 übrigens von der Pfarrei Effelder im Landkreis Sonneberg erstmals erwähnt.

Bis heute isst man rohe Klöße in Thüringen gern zu Gulasch- und Bratengerichten mit viel Soße – wozu selbstverständlich ein zünftiges Bier hervorragend mundet. Wie beliebt die Thüringer Klöße sind, verrät schon dieser Ausspruch: „Ein Sonntag ohne Klöße verlöre viel von seiner Größe." Um die Tradition des

Besonders zu soßenreichen Fleischgerichten werden Klöße gern gegessen.

Thüringer Kloßes am Leben zu erhalten, hat die Firma Ablig Feinfrost im thüringischen Heichelheim, etwa acht Kilometer nördlich von Weimar gelegen, die Thüringer Kloß-Welt eröffnet. Der Spezialist für Thüringer Klöße verrät großen wie kleinen Gourmets in seinem Museum so manche Kuriosität rund um den Kloß und beantwortet auch ungewöhnliche Fragen wie die, ob Goethe wohl Klöße kannte. Und in der Kinder-Kloß-Welt können Kids nicht nur in der Kinder-Krabbel-Kloß-Kiste toben, sondern im Kinder-Kochstudio sogar lernen, wie richtige Grüne Klöße gekocht werden.
Thüringer Kloß-Welt Heichelheim, Hauptstraße 3
99439 Heichelheim; Tel. 03643 44120;
Öffnungszeiten: Mo–Fr: 9–18 Uhr; Sa: 9–16 Uhr;
So: 11–16 Uhr; www.thueringer-kloß-welt.de

Klöße – heiß geliebt in Thüringen

Weißensee | Zwischen Minnesang und dem „Garten des ewigen Glücks"

Es ist eine eigenwillige, vermutlich auch einmalige, in jedem Fall eine ausgesprochen reizvolle Kombination: Im thüringischen Städtchen Weißensee lädt ein Chinesischer Garten seine Gäste zum Verweilen ein: Der „Garten des ewigen Glücks" lässt Stadtwanderer die chinesische Kultur auf sehr authentische Art erleben – was sicher auch daran liegt, dass Landschaftsarchitekt Jens-Christian Wittig aus Weimar, der den Chinesischen Garten entwarf, die fernöstliche Kultur direkt in China studierte. Pagoden und Pavillons, Skulpturen und Reliefs, ja sogar Schriftzüge wurden direkt aus China eingeführt und in Weißensee von chinesischen Arbeitern zu neuem Leben erweckt, und selbst der chinesische Botschafter Wu Hongbo empfand den Garten als perfekte Nachbildung. Die Wege im Chinesischen Garten mäandern durch die kunstvoll inszenierte Landschaft. Ihr Kurvenreichtum spiegelt das Auf und Ab des menschlichen Lebens wider.

Aber auch die thüringische Kultur und Geschichte kommen in Weißensee nicht zu kurz. Ländgräfin Jutta Claricia von Thüringen, Halbschwester von Kaiser Friedrich Barbarossa, ließ in Weißensee ab 1168 die Runneburg ausbauen. Der stand eine wechselvolle Geschichte bevor. Schon im Jahr 1212 griff Kaiser Otto IV. die Landgrafen-Residenz mit einer Blide an, einer mächtigen Steinschleuder. 1440 starb dann mit

Sogar der Botschafter empfand den Chinesichen Garten als perfekte Nachbildung.

Landgraf Friedrich dem Friedfertigen der letzte Regierende auf der Runneburg. Zu seiner Regierungszeit war das Reinheitsgebot aus dem Jahre 1434 verfasst worden. Er war kinderlos, was Erbstreitigkeiten zur Folge hatte. Die Runneburg hat all diese Schicksalsschläge überstanden, wurde aber schon vor der Wende baupolizeilich gesperrt. Führungen auf dem Areal der hochmittelalterliche Residenz können über das Informationsbüro der Stadt organisiert werden.

Ebenfalls aus der zweiten Hälfte des 12. Jahrhunderts stammt die romanische Saalkirche St. Nikolai. Sie diente den Fischern und Bauern der Gegend als Gotteshaus und wurde 1932 restauriert. Interessant ist auch die dreischiffige Basilika St. Peter und Paul, die um 1180 erbaut wurde und 1331 einen hohen gotischen Bogen erhielt. Das barocke Orgelwerk der Kirche, das 1737

Die Runneburg musste einige Schicksalsschläge überstehen.

Genuss-Tipp

Im Rathaus geht's deftig zu

In der Ratsbrauerei Weißensee ist die Karte klein, aber deftig: Es gibt leckere Knobländer – das ist eine Art Bockwurst, allerdings dreimal so groß wie üblich und mit leichtem Knoblauchgeschmack. Oder eine Fettbemme. Das ist ein Mischbrot mit Griebenschmalz und Gewürzgurke. Gerade zum Bier passen diese deftigen Genüsse ganz wunderbar.

umgebaut wurde, sorgte für prominenten Besuch in der Stadt: In den Jahren 1737 und 1738 wurde das Instrument von Johann Sebastian Bach geprüft. Und schon Jahrhunderte vor dieser Orgelprüfung fand der Minnesang in Weißensee eine Heimat. Zum einen dichtete Walther von der Vogelweide vor Weißensee die „Meißner Sprüche". Seinem Denkmal kann der Besucher heute auf dem Marktplatz von Weißensee seine Reverenz erweisen. Außerdem ist Walther von der Vogelweides Bildnis im romanischen Bereich des Rathauses auf einem der Wandteppiche zu bewundern. Zum anderen hat die Stadt mit dem Ministerialen Heinrich von Weißensee und dem Burgvogt Heinrich Hetzbold von Weißensee ebenfalls Minnesänger hervorgebracht, die zu ihrer Zeit die holde Weiblichkeit in den höchsten Tönen priesen.

Im ältesten Rathaus Thüringens wird Bier gebraut.

Ratsbrauerei Weißensee – Auf ein Bier ins Rathaus
Das Bier aus der Ratsbrauerei Weißensee gibt es nur im Ausschank direkt in der Brauerei. Und das heißt in diesem Fall: direkt im ältesten Rathaus Thüringens. Wer mag, kann sich das Bier zum Abendbrot auch wie in alter Zeit mit nach Hause nehmen. Am besten schmeckt's natürlich direkt in der Brauerei, wo blinkende Kupferkessel jeden Bierliebhaber entzücken. Das Rathaus wurde übrigens 1351 das erste Mal urkundlich erwähnt. Doch man kann getrost davon ausgehen,

dass es schon länger steht. Noch heute kann man Bausubstanz ausmachen, die vermutlich aus den Jahren um 1200 stammt. In der Ratsbrauerei sorgen Gewölbe und Naturstein für eine urige Atmosphäre. In Weißensee gilt übrigens schon seit 1434 ein Reinheitsgebot. Die „Statuta thaberna" war ein Wirtshausgesetz, das den Gästen von Schenken vorschrieb, wie sie sich verhalten sollten, und das darüber entschied, aus welchen Zutaten die Brauer ihr Bier brauen durften: Hopfen, Malz und Wasser – etwas anderes durfte hier nicht ins Bier.

Die Ratsbrauerei besteht seit der Jahrtausendwende. Damals wurde das Rathaus komplett saniert. Und das nahm man in Weißensee zum Anlass, die örtliche Bierbrautradition von über 700 Jahren wieder aufleben zu lassen. Selbstverständlich knüpfte man damals an das alte Reinheitsgebot an. Heute wird in der Ratsbrauerei je nach Jahreszeit gern ein dunkles, naturbelassenes Ratsbier gebraut und speziell ab Weihnachten auch ein helles Bier, das ebenfalls unfiltriert ist. Zweimal im Jahr wird in Weißensee groß gefeiert: Einmal am ersten Samstag nach dem 9. Januar, am „Tag des Tapferen", an dem der ersten Thüringer Verfassung vom 9. Januar 1446 mit einem Bockbierfest gedacht wird. Außerdem findet jedes Jahr am Pfingstsonntag ein großes Bierfest statt.

Ratsbrauerei Weißensee, Marktplatz 26, 99631 Weißensee; Tel. +49 (0)36374 18602; Öffnungszeiten: Mo, Do, Fr: ab 18 Uhr; Sa, So: ab 14 Uhr sowie nach Vereinbarung

---

Über Nacht

Privatzimmer Günter Hirt
Schillerstraße 9
99631 Weißensee
Tel. +49 (0)36374 21823
DZ ab 44 Euro

Hotel Restaurant Promenadenhof
Promenade 16
99631 Weißensee
Tel. +49 (0)36374 2220
info@promenadenhof.de
www.promenadenhof.de
DZ ab 72 Euro

Touristeninformation

Stadt Weißensee
Marktplatz 26
99631 Weißensee
Tel. +49 (0)36374 2200
Öffnungszeiten:
Di: 13–18 Uhr; Fr: 8–13 Uhr
www.weissensee.de

Artern

Ein Besuch bei der Kräuterfrau Artemis und Entspannung im Solebad

Nicht weit von der Bundesstraße B85 liegt die alte Salzstadt Artern. Wer sie erkunden möchte, folgt einfach dem Borlach-Wanderweg und erlebt 10 Kilometer Artern! Ein Tipp für Radfahrer ist der Unstrutradweg, der auch an das überregionale Radwegenetz angebunden ist. Doch erst einmal lohnt sich ein Gang zum Aratorasee, wo Kanuten in wundervoller Natur auf ihre Kosten kommen. Apropos Natur: Mit dem Naturschutzgebiet Solgraben und seinen nur 1,63 Hektar Fläche beheimatet Artern das kleinste Naturschutzgebiet seiner Art in Europa. Die Binnensalzstelle bildet mit ihrer Salzsteppenvegetation die Heimat von Salzkäfern, Salzwanzen und Salzfliegen. Und im Solgraben fühlt sich sogar eine Fischart wohl: der dreizackige Stichling. Auch im 2001 eröffneten Naturgarten erwarten den Pflanzenliebhaber mit der Wildblumenwiese, dem Klostergarten und dem Färbergarten wahre Schätze der Natur. Einen Kräutergarten gibt es ebenfalls. In ihm spielt die Kräuterfrau Artemis die Hauptrolle, denn die Anordnung der Beete entspricht den Konturen der Kräuterfrau. Die Heilpflanzen wurden an den Stellen platziert, wo beim Menschen die Organe zu finden sind, deren Gesundheit laut Schulmedizin mit eben diesem Kraut bewahrt werden kann.

Das Naturschutzgebiet Solgraben ist nur 1,63 Hektar groß.

Artern

Doch nicht nur unter freiem Himmel, auch unter Dach und Fach kann der aufmerksame Besucher in Artern manch Kleinod entdecken. So zum Beispiel das Rathaus der Stadt, das 1906 im neobarocken Stil erbaut wurde. Besondere Aufmerksamkeit verdienen das Buntglasfenster im Rathausfestsaal und das größte Wandgemälde Nordthüringens, ein Werk von Otto Engelhardt Kyffhäuser. Eine interessante Entdeckung ist auch das wunderbar restaurierte Fachwerkhaus Oberer Hof, das im 17. Jahrhundert auf dem Grund eines ehemaligen Ritterguts erbaut wurde.

Lauschiges Eckchen in Artern

Das Rathaus von Artern wurde 1906 erbaut.

Besucher können die Kellergewölbe und den doppelten Boden des Hauses besichtigen. Auf dem Boden ist eine Ausstellung über die ehemalige Kyffhäuserhütte zu sehen, an deren Stelle sich inzwischen mehrere Unternehmen des Maschinenbaus beziehungsweise der Metallverarbeitung gegründet haben.
Fachwerkhaus Oberer Hof, 06556 Artern;
Tel. +49 (0)3466 325524/320649;
Öffnungszeiten: Fr: 9–12/15–17 Uhr; Führungen nach Vereinbarung auch außerhalb der Öffnungszeiten;

Auf dem Weinberg blitzt der Fernsehturm durch die Baumwipfel.

Nach so vielen Entdeckungen entspannen sich müde Stadtwanderer im Solebad von Artern. Es wurde Anfang der 1990er Jahre gründlich saniert und bereitet heute Jung und Alt Freude mit seiner Beckenlandschaft, zu der Wasserspiele, ein Planschbecken und ein Strömungsbecken zählen. Fast nebenbei wird bei dem Badespaß auch der Gesundheit Gutes getan. Das Wasser der Solequelle, aus der die Wasserbecken gespeist werden, hat einen Salzgehalt von 3,25 Prozent. Ein Solebad stärkt das Immunsystem, kann die Durchblutung der Haut verbessern, bei Allergien helfen und viele andere positive Wirkungen auf die Gesundheit haben. Die Sole kommt aus 300 Metern Tiefe und wurde vom Mittelalter bis ins Jahr 1964 zur Salzgewinnung genutzt.

Veitskirche in Artern

Genuss-Tipp

Im Ratskeller wie bei Muttern schmausen

Direkt am schönen Marktplatz Arterns liegt der Ratskeller. Hier kann der Gast das bunte Treiben auf der Sommerterrasse bei einem frisch gezapften Bier von der Köstritzer Brauerei genießen. Das historische Ambiente lädt ein zu bodenständiger Hausmannskost. Besonders beliebt ist die selbstgemachte Fleischroulade mit Beilagen, zubereitet aus frischen Zutaten. Soßen sind hier wie bei Muttern noch selbstgemacht.

Ratskeller
Markt 14, 06556 Artern
Tel. +49 (0)3466 742690

Über Nacht

Hotel Restaurant Weinberg
Weinberg 1, 06556 Artern
Tel. +49(0)3466 322132
info@hotel-weinberg.de
www.hotel-weinberg.de
DZ ab 65 Euro

Touristeninformation

Markt 14, 06556 Artern
Tel. +49 (0)3466 32550
Öffnungszeiten:
Mo, Do: 8–12/13–15.30 Uhr;
Di: 8–12/13–18 Uhr; Fr: 8–12 Uhr
www.artern.de

Bad Frankenhausen

Wenn am Kyffhäuser der Flieder blüht

Bad Frankenhausen kann weit in die Vergangenheit zurückblicken, denn schon um 10.000 v. Chr. gab es Siedlungen in dem Gebiet zwischen der Hainleite und dem Südhang des Kyffhäusers. Im 9. Jahrhundert n. Chr. wurde Frankenhausen in Fulda in einer Kloster-Urkunde erstmals genannt, doch erst seit 1927 darf die Stadt sich „Bad Frankenhausen" nennen. 2007 schließlich erhielt sie den Titel „Staatlich anerkanntes Sole-Heilbad" durch die Regierung des Freistaates Thüringen. Als Wahrzeichen der Stadt kann sicher der Turm der Oberkirche bezeichnet werden. Die Kirche wurde im 14. Jahrhundert als Kirche „Unserer Lieben Frauen am Berge" erbaut, verfiel aber, nachdem 1962 das Dach abgetragen worden war. Der Turm steht zwar nach wie vor, ist aber extrem schief: Die Spitze hat sich fast viereinhalb Meter zur Seite geneigt! Das macht den Turm der Oberkirche, der inzwischen der Stadt Bad Frankenhausen gehört, nach dem schiefen Turm von Suurhusen in Ostfriesland in ganz Deutschland zum zweitschiefsten Turm. Deutlich berühmter ist allerdings der Kyffhäuser. In diesem Berg soll Kaiser Barbarossa in einer Höhle an einem Tisch sitzen, ab und an nicken und mit den Augen zwinkern. Der Bart des Kaisers, so will es die Sage, ist erst durch den Tisch gewachsen und wächst seitdem um diesen herum. Zweimal hat der Bart den

Der Turm der Oberkirche ist der zweitschiefste Turm Deutschlands.

Bad Frankenhausen

Tisch bereits umrundet. Wenn er das ein drittes Mal geschafft hat, wird der Kaiser den Berg verlassen und wieder die Herrschaft übernehmen. Alle hundert Jahre schreckt der Kaiser aus seinem Halbschlaf auf. Dann sendet er einen Zwerg aus, der nachsieht, ob die Raben ihre Kreise noch um die Reichsburg Kyffhausen ziehen. Tun sie das noch, setzt der Kaiser sein Schläfchen für weitere hundert Jahre fort. Das Kaiser-Wilhelm-Nationaldenkmal auf dem Kyffhäuser, meist wird es nur Kyffhäuser-Denkmal genannt, knüpft an diese Sage an. Es wurde zu Ehren von Kaiser Wilhelm I. nach dessen Tod erbaut – ihm schrieb man zu, mit der Reichseinigung im Jahre 1871 die Sage vollendet zu haben. Gemeinsam mit der Reichsburg und dem Berg bildet das Denkmal ein äußerst sehenswertes und historisch bedeutsames Ensemble.

Kaiser-Wilhelm-Nationaldenkmal auf dem Kyffhäuser

Weil Bad Frankenhausen so nah am Kyffhäuser liegt, findet man dort auch die Kyffhäuser-Information. Der Kyffhäuser hat die Menschen der Region darüber hinaus inspiriert, hier in Bad Frankenhausen die Kyffhäuser-Therme zu bauen. Dort stehen Badespaß und Sauna, Wellness, Schönheit und Gesundheit auf dem

Bad Frankenhausen

Plan. Und wer es so richtig sportlich mag, der radelt auf der 36 Kilometer langen Strecke des Kyffhäuser-Radwegs um das kleine Gebirge herum. Das ist eine hervorragende Gelegenheit, auch den Naturpark Kyffhäuser intensiv zu erleben.

> **Genuss-Tipp**
>
> **Wild vom Kyffhäuser im Alten Ackerbürgerhof**
>
> Das restaurierte Gebäude des Alten Ackerbürgerhofs stammt teilweise aus dem 16. Jahrhundert. Die Galerie räume sind liebevoll mit Nippes aus alter Zeit dekoriert. Doch bei sommerlichen Temperaturen fühlen sich die Gäste besonders im gediegen gestalteten Biergarten wohl. Hier wie dort verwöhnt die Chefin selbst ihre Gäste – zum Beispiel mit Wild aus der Kyffhäuserregion.
>
> Alter-Ackerbürgerhof
> Kurstraße 18, 06567 Bad Frankenhausen
> Tel. +49 (0)34671 63097/63130
> www.alter-ackerbuergerhof.de

Übrigens: Die im Mai in Weiß, Blau und Lila blühenden Fliederbüsche an den Südhängen des Kyffhäusers brachten Bad Frankenhausen den Beinamen „Fliederstadt" ein. Wunderschön ist das Fliederfest, zu dem

Das Panorama-Museum in Bad Frankenhausen

alljährlich zahlreiche Besucher hier eintreffen. Mit reiner Muskelkraft wird die romantische Fliederkrone auf dem Marktplatz platziert und lässt ihre Bänder im Wind flattern. Kleine Mädchen tragen fliederfarbene Kleider, die Fliederkönigin strahlt, und die Herren tragen zu festlichen schwarzen Hosen natürlich fliederfarbene Schärpen. Nach der Wende wurde das Fest wiederbelebt, das ursprünglich schon zu Beginn des 19. Jahrhunderts eingeführt wurde.

Kur GmbH, August-Bebel-Platz 9, 06567 Bad Frankenhausen; Tel. +49 (0)34671 5123; Badewelt tägl. von 9–22 Uhr; Saunalandschaft Mo–Fr: 10–22 Uhr; Sa, So, Feiertage: 9–22 Uhr; www.kyffhaeuser-therme.de

Über Nacht

★★★★ **Hotel Residenz**
Am Schlachtberg 3, 06567 Bad Frankenhausen
Tel. 034671 750
info@residenz-frankenhausen.de
www.residenz-frankenhausen.de
DZ ab 109 Euro

★★ **Hotel Restaurant Thüringer Hof**
Anger 15, 06567 Bad Frankenhausen
Tel. +49 (0)34671 51010
info@thueringer-hof.com
www.thueringer-hof.com
DZ ab 55 Euro

Touristeninformation

Anger 10, 06567 Bad Frankenhausen
Tel. +49 (0)34671 7-17/-16/-17
Öffnungszeiten:
April bis Okt.: Mo–Fr: 9.30–18 Uhr; Sa: 9.30–12.30 Uhr;
So: 9.30–11.30 Uhr;
Nov. bis März: Mo–Fr: 10–17 Uhr; Sa: 10–12 Uhr
www.kyffhaeuser-tourismus.de

Register
Von A bis Z

Altes Rathaus Passau **12**
Altes Bräuhaus Passau **14**
Amberg **32**
Apolda **144**
Apotheken Museum Blankenhain **133–134**
Armeemuseum „Friedrich der Große", Plassenburg **66**
Artern, Salzstadt **162**
Auerbach **44**
Bach, Johann Sebastian **160**
Bad Berka **140**
Bad Blankenburg **120**
Bad Frankenhausen **166**
Barbarossa, Friedrich, Kaiser **158, 166**
Basilika St. Martin **34**
Basilika St. Peter und Paul **159**
Basilika Vierzehnheiligen **78**
Bauhaus-Ensemble **111**
Bauhaus-Museum **152**
Bayerisches Brauerei- und Bäckereimuseum **60**
Bayreuth **52**
Bayreuther Festspiele **52**
Bayrisches Schulmuseum Sulzbach-Rosenberg **39**
Bayerischer Wald **28, 30**
Beulwitz, Caroline von **127**
Bierquellenwanderweg **51**
Biertor am Regenbogen **24**
Binnensalzstelle **162**
Bischof Otto II. **93**
Bischof Otto der Heilige von Bamberg **44**
Blankenhain **132**
Bleilochtalsperre **112**
Böhmerwaldmuseum **12**
Borlach-Wanderweg **162**
Brandenburg, Barbara von, Markgräfin **64**
Brauer- und Büttnermuseum Weißenbrunn **76**
Brauerei Gebr. Maisel KG **53, 55**
Brauerei Gradl **51**
Brauerei Herold **51**
Brauerei Kürzdörfer **51**
Brauerei Übelhack **51**
Brauereigasthof Sperber **42**
Brüder Wolfer und Ludger **136**
Büchenbach **51**
Buchfart **143**
Burg Greifenstein **121–123**
Burg Lauenstein **99–103**
Burg Rothenkirchen **92**
Burg Runding **29, 31**
Burg Weißenstein **18–20**
Bürgerbrunnen auf dem Brauhof **147–148**
Bürgerliches Brauhaus Saalfeld GmbH **119**
Burgherrenmahl, Schloss Wespenstein **107**
Burgruine Hoher Schwarm **114–115**
Burgruine Weissenstein **20**
Cham **24**
Claudel, Camille **144**
Cranach-Galerie **150**
Cranach, Lucas d. Ä., Renaissancemaler **83**
DDR-Grenzbahnhof-Museum **109**
Deutsche Demokratische Republik **98**
Deutsche Volkspolizei **104**
Deutsches Reinheitsgebot von 1516 **148**
Die Weiße Frau **102, 129**
Diller, Wolfgang, Baumeister **35**
Dobermann, Karl-Friedrich-Louis **145**

Register

Dobermanndenkmal **144–145**
Donau **10–11**
Drei-Flüsse-Eck **10**
Drei-Türme-Weg **132,143**
Dreiländerhalle **16**
Dreißigjähriger Krieg **29, 50, 81, 83, 86**
Eh'häusl, Amberg **37**
Erlebnisbrauerei Watzdorfer **124**
Erlebnispfad auf dem Schlossberg **143**
Fachwerkhaus Oberer Hof **163–164**
Fahrgastschiffahrt Hohenwarte GmbH **113**
Falkenstein **103**
Familie Vitzthum **147**
Färberdorf, Blankenhain **134**
Feenhaar **117**
Feininger, Lyonel **144, 152–153**
Festung Rosenberg **80**
Feuerwehrmuseum **12**
Fichtelgebirge **79, 84**
Flinderer-Bierfest **48**
Flindererbier **48**
Fränkische Alb **49**
Fränkische Bauernstube **101**
Fränkische Galerie, Festung Rosenberg **83**
Freilicht-Museum Thüringer Bauernhäuser **128**
Freizeitpark Stausee Hohenfelden **139**
Friedrich der Friedfertige, Landgraf **159**
Friedrich der Große **66**
Friedrich-Fröbel-Museum **120**
Friedrich-Fröbel-Wanderweg **120**
Fröbel, Friedrich, Pädagoge **120**
Fuhrmannsessen, Schloss Wespenstein **107**
Ganzjahresbad CabrioSol **50**
Garten des ewigen Glücks **158**
Gasthausbrauerei Felsenkeller, Weimar **153–155**
„Gelmeroda XI." **153**
Glockenmuseum, Apolda **145**
Goethe, Johann Wolfgang von **90, 126–127, 141, 151–152**
Goethes Gartenhaus **150, 152**
Goethes Wohnhaus **151**
Gräfenthal **104**
Grenz- und Heimatmuseum Georg-Stift **104–105**
Grenzbahnhof **108–109**
Gropius, Walter **153**
Haiger Landschlösschen **90–91**
Hallertau **23**
Hammerherrenschloss Theuern **34–35**
Haus des Volkes **108–109**
Heidecksburg Rudolstadt **129–131**
Hermann Söllner Stiftung **99**
Herressener Promenade **144**
Hiltmannsches Haus **116**
Historische Druckerei Seidel **38**
Historischer Schieferbergbau Lehesten **96–97**
Hochstift Bamberg **93**
Hohenwarte **112–113**
Höhenweg Rennsteig **94**
Hohenzollern-Residenz Plassenburg **64**
Höhn'sche Haus **116**
Hügelgräber im Pfarrholz bei Kasendorf **69**
Ilm **136**
Ilmtal-Radweg **132, 140**
Innstadt Brauerei, Passau **16–17**
Kaiser, Otto IV. **158**
Kaiserhof Brauerei **85**
Kandinsky, Wassilly **153**
Karl IV., Kaiser **40**
Karstkundlicher Wanderpfad **47**
Kasendorf **68**
Katakomben der Bayreuther Bierbrauerei **55**
Katharinenbrunnen **148**

Register

Kellner, Georg, Nürnberger Maler **101**
Klee, Paul **153**
Kloster Banz **78**
Klosteranlage Michelfeld **45**
Klosterbräu Marienweiher **56**
Klostergarten, Naturgarten Artern **162**
Kneippbecken, Bad Berka **140**
Kneipprundweg, Bad Berka **140**
Kokoschka, Oskar **144**
Konzentrationslager Buchenwald **98**
Köstritzer Brauerei **165**
Kranichfeld **136**
Kronach **80**
Küchel, Johann Michael **57**
Kulmbacher Badhaus **59**
Kulmbacher Kommunbräu **61–62**
Kulmbacher Landschaftsmuseum **69**
Kurpark von Bad Berka **141–143**
Kyffhäuser-Denkmal **167**
Kyffhäuser, Engelhardt Otto **136**
Kyffhäuser-Radweg **168**
Kyffhäuser-Therme **167**
Landschaftsschutzgebiet „Mittleres Ilmtal" **140**

Landschlösschen Haig **90–91**
Leckarsch **136–137**
Leups **51**
Leutenberg **110**
Lindenhardt **51**
Ludwig der Bayer, Kaiser **13, 68**
Ludwigsstadt **98**
Mackensen, Gerd **144**
Magnusturm auf dem Turmberg **69–70**
Maisel's Brauerei- & Büttnerei-Museum **53–54**
Marienweiher **56–57**
Markgrafen zu Brandenburg **64**
Markgräfin Wilhelmine **52**
Markgräfliches Opernhaus **52**
Maxhütte **38–39**
Maximiliansgrotte **46–47**
Meßmer, Erhard **100–101**
Mitmach-Museum **117**
Mitwitz **86**
Mitwitzer Schloss **90**
Museum „Hohenzollern in Franken", Plassenburg **66**
Museum in der Thüringer Kloß-Welt **157**
Museum Theuern **35**
Naturlehrpfad Zechteich **56**
Naturpark Thüringer Schiefergebirge **111**

Naturschutzgebiet Solgraben **162**
Neumann, Balthasar, Barockbaumeister **90**
Niederbayrisches Landwirtschaftsmuseum **21–22**
Niederburg **136–137**
Oberhausmuseum, Passau **12**
Oberpfalz **23, 34, 39**
Oberschloss, Kranichfeld **136, 139**
Ödenturm Chameregg, **26–27**
Ofenschreier **28–30**
Orlamünde-Bau **100**
Orlamünde, Katharina von **103**
Otto Heinrich II. **40**
Paradiesplatz **76, 78**
Passau **10**
Pegnitz **48**
Pegnitzquelle **50–51**
Pfarrkirche St. Bartholomäus **92**
Pfarrkirche St. Johannes der Täufer **46**
Pfarrkirche St. Johnnes Evangelista **45**
Pichelsteiner Fest **22–23**
Plassenburg **58, 64–67**
Pressig-Rothenkirchen **92**
Privatbrauerei J.B. Falter Regen KG **22–23**
Probstzella **108**
Rathaus Pegnitz **49**

Register

Ratsbrauerei Weißensee 160–161
Regen 18
Reichsburg Kyffhausen 167
Rennsteig 94–95
Richard-Wagner-Festspielhaus 52
Rosegger, Peter 15
Rudolstadt 126
Runddorf 100
Runding 28
Runneburg 158–159
Saalfeld/Saale 114
Saalfelder Feengrotten 117–118
Saalfelder Stadtmuseum 116
Sachsen-Meiningen 105
Schallhaus 129, 131
Schieferbruch am Trogenbach 99
Schiefermuseum Ludwigsstadt 99–100
Schiller, Friedrich 151
Schillerhaus Rudolstadt 127
Schlemmer, Oskar 153
Schloss Apolda 147
Schloß Heidecksburg 129–131
Schloss Wespenstein 106–107
Schwarzatal-Radweg 121
Sissi, Kaiserin von Österreich 13

Solebad 162, 164
Sorben 102
Sperber Bräu 42–43
Stadtkirche St. Marien 104–105
Stadtmuseum Saalfeld 116
Stadtmuseum Sulzbach-Rosenberg 39
Stausee Hohenwarte 112–113
Steinbach am Wald 94
Stephansdom 14–15
Stockheim 90
Strommuseum 35
Sulzbach-Rosenberg 38
Sulzbacher Literaturarchiv 38
Sulzbacher Schloss 40
Talsperre Hohenwarte 112–113
Tanzlinden 71
Thüna-Bau 100
Thüringer Kloß-Welt 156–157
Thüringer Landesmuseum Heidecksburg 131
Thüringer Warte 98, 103, 108
Thüringischer Schieferpark Lehesten 96
Trockau 51
Umweltstation Weismain 73
Unstrutradweg 162
Vereinsbrauerei Apolda GmbH 148–149

Veste Coburg 78
Veste Niederhaus 11
Veste Oberhaus 11–12
Vils 32–34
Vollersroda 143
Vogelweide, Walther von der 160
Wagner, Richard 52
Würtzburg, Hans Veit I. von 88–89, 93
Wallfahrtsbasilika Marienweiher 57
Wasserschloss Mitwitz 86–88
Wasserspielplatz Weismain 73
Watzdorfer Traditions- und Spezialitätenbrauerei GmbH 124–125
Weimar 150
Weimarer Porzellanmanufaktur Betriebs-GmbH 134
Weismain 72
Weißenbrunn 76
Weißenbrunn-Wildenberg 78
Weißensee 158
Weißensee, Heinrich von 160
Weißenstein 18–20
Werk Staubershammer 35
Zinnfigurenmuseum, Plassenburg 66
Zum Kummert Bräu 36–37

Abbildungsverzeichnis

©©: Titelbild u. (Rico Neitzel), S.9 (Peter Alfred Hess), S.10 (rmtineu), S.12 (Allie_Caulfield), S. 13 u. (Aconcagua), S.16 (Allie_Caulfield), S.19 o.(Papiermond), S.20 o. (Mvornehm aus de.wikipedia.org), S.25 (Romanist), S.26 o. (Schmid Marco), u.(Matthias Süß), S.28 (Konrad Lackerbeck), S.29 (Weissenstein), S.31 (Konrad Lackerbeck), S.36 u. (Orzowei), S.39 o. (H.G.Graser), S.44 (Altaileopard), S.47 (Xocolatl), S.49 (Xocolatl), S.52 (Immanuel Giel), S. 58 (Diabas), S.61 (Diabas), S.62 (Oberau-Online), S.66 (Diabas), S.67 (Magadan), S.68 (Benreis), S.70 (Benreis), S. 71 (Benreis), S.72 (Gerdt), S.75 o. (Immanuel Giel), u. (Schubbay), S.78 (Störfix), S.82 (Tors), S. 85 (Tors), S. 86 (Störfix), S.88 (Rainer Lippert), S.92 (Störfix), S.94 (deischi), S.95 (Tors), S.101 (Tors), S. 104 (Störfix), S.105 (Störfix), S.109 (Störfix), S.114 (Steffen 962), S. 115 o. (Michael Sander), S.116 (AndrewPoison), S.117 (Hajotthu), S.120 (Michael Sander), S.122 (Thorwalez), S.126 (Michael Sander), S.127 o.(Polemon), S.139 (woozie2010), S.140 (Michael Sander), S.141 o. (Michael Sander), S.143 (Michael Sander), S.144 o.(BrThomas), u. (NatiSythen), S. 145 (NatiSythen), S.146 o. (Astrobeamer), u. (NatiSythen), S.147 (Murray Bosinsky), S.149 (Murray Bosinsky), S.150 (Allie_Caulfield), S.151 o. (Allie_Caulfield), S.152 u.(Johannes Fasolt), S.153 (az1172), S.155 (Andreas Trepte), S.156 (Andreas Hartmann), S.157 (bucklava), S.158 (BrThomas), S. 165 (Michael Sander), S.166 (Hobbyelektroniker), S.168 (Corradox)

175 Abbildungsverzeichnis

©:

S.19 u. (Tourist-Information Regen.www.regen.de), S.20 u. (Tourist-Information Regen.www.regen.de), S.23 (Privatbrauerei J.B. Falter Regen KG), S.27 (Stadt Cham, www.cham.de), S.36 o. (kummert_braeu), S.39 u. (Hotel Brauerei Gasthof Sperber-Bräu), S.42 o. (Stadt-Sulzbach-Rosenberg,Bernd-Müller), S.42 u. (Hotel Brauerei Gasthof Sperber-Bräu), S.54 (Maisel's Brauerei & Büttnerei Museum), S.60 o. (Tourismus & Veranstaltungsservice der Stadt Kulmbach), u. (Tourismus & Veranstaltungsservice der Stadt Kulmbach), S. 63 (Tourismus & Veranstaltungsservice der Stadt Kulmbach), S.73 alle 3 Bilder (Umweltstation Weismain des Landkreises Lichtenfels), S.87 o. (cooperate-media.de | Ralf Heidelberger.JPG), u. (Störfix), S.90 (Gemeinde Stockheim), S.96 (Tourist-Information der Rennsteigregion im Frankenwald, Im Schiefermuseum Ludwigstadt), S.119 (Bürgerliches Brauhaus Saalfeld GmbH), S.127 u. (Tourist-Information Rudolstadt,www.rudolstadt.de), S.128 (Tourist-Information Rudolstadt,www.rudolstadt.de.), S.130 (Tourist-Information Rudolstadt,www.rudolstadt.de), S.131 (Tourist-Information Rudolstadt,www.rudolstadt.de), S.136 (Gabriele Rößler, Kranichfeld, www.baumbachhaus-kranichfeld.de), S. 137 (Gabriele Rößler, Kranichfeld, www.baumbachhaus-kranichfeld.de), S. 141 u. (Kurverwaltung der Stadt Bad Berka-www.bad-berka.de), S.154 (Gasthausbrauerei-Felsenkeller-GmbH), S.162 (Salineverein Artern e.V)

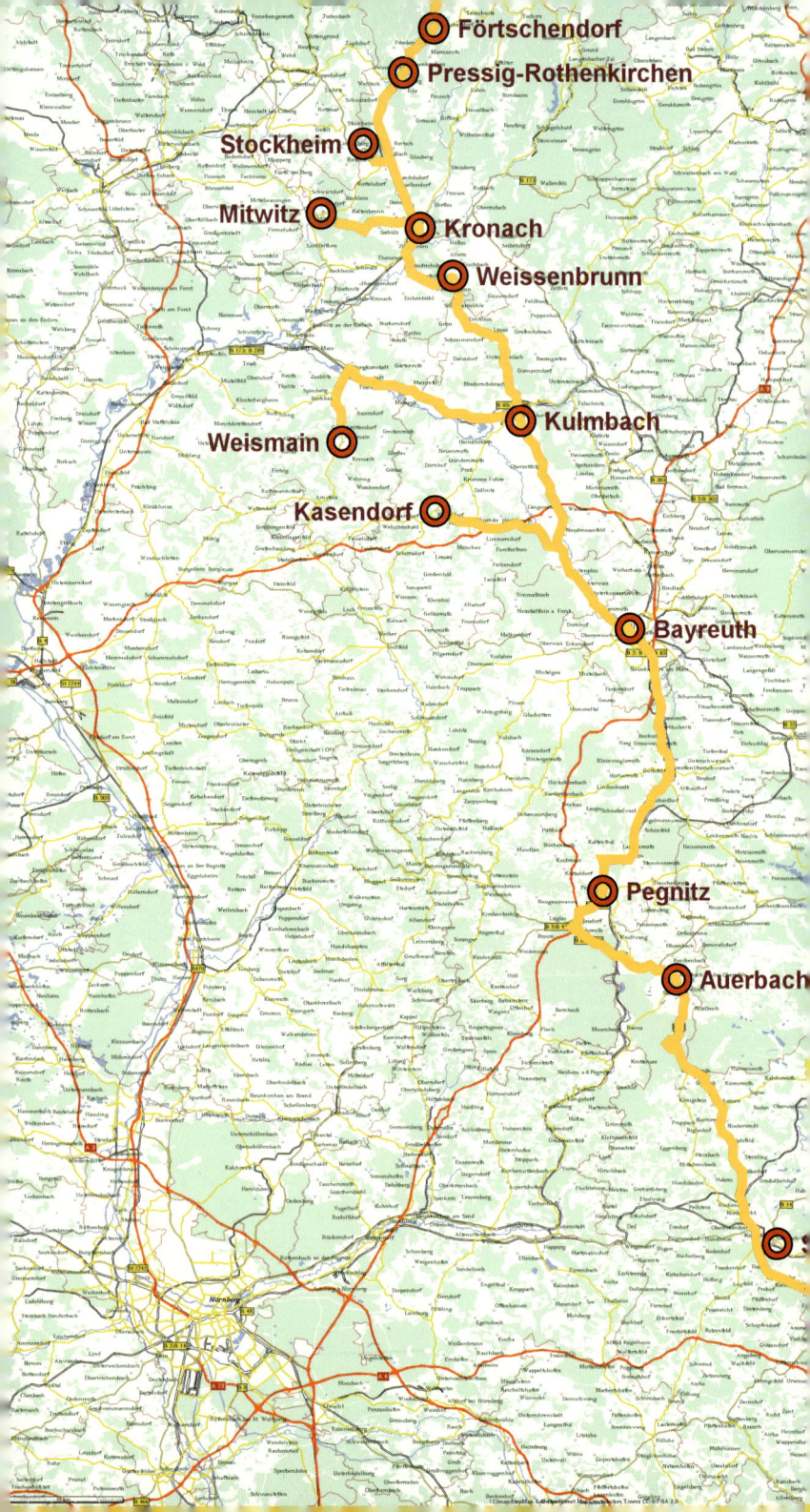

- Förtschendorf
- Pressig-Rothenkirchen
- Stockheim
- Mitwitz
- Kronach
- Weissenbrunn
- Weismain
- Kulmbach
- Kasendorf
- Bayreuth
- Pegnitz
- Auerbach